U0478257

从建国门
到复兴门

CHANGAN STREET

漫步
长安街

陈宏 桂岩◎主编

中国广播影视出版社

序言
001

13 人民英雄纪念碑 106

14 正阳门与零公里标志 114

15 国家博物馆 122

16 人民大会堂 132

17 新华门 142

18 国家大剧院 148

19 电报大楼 154

20 西单 164

21 民族文化宫 174

22 金融街 186

23 中国教育电视台 192

24 复兴门 198

目录
CONTENTS

- 01 建国门桥 004
- 02 古观象台 010
- 03 海关博物馆 018
- 04 社科院 028
- 05 中国妇联 036
- 06 王府井 046
- 07 北京饭店 054
- 08 菖蒲河公园 064
- 09 太庙 070
- 10 中山公园 076
- 11 天安门 082
- 12 广场 096

CHANGAN STREET

    人们常说"先有潭柘寺,后有北京城"。潭柘寺往山上走,就是定都峰。站在定都峰上,你朝东望去,长安街尽收眼底。也许当年明成祖朱棣在此处鸟瞰北京城的那一刻起,就勾画了这条大道。今天我们漫步长安街,由建国门一路行至复兴门。这条曾以北京"大1路"公交车贯穿的路,却实实在在是我们认识北京、了解中国的一条最佳线路。十里长街,历史毗邻着现实,六百年的历史遗迹比比皆在。现实也回应着历史,繁华的长安街两侧鳞次栉比的建筑见证了新中国的翻天巨变。

    "无风三尺土,有雨一街泥",梁实秋先生在《辉煌的北京》里对长安街是这样描述的。其实,作为隔断皇权与市井的"御街",在很长的时间里,就这样土的"掉渣"。今天每当乘车飞驶过长安街时,我们或欣喜或惊艳于她的华丽,当我们选择以漫步的方式行走长安街,却恰恰是为了回眸不应被遗忘的长安街那些"往事"。这些"往事",有的湮没在历史长河,有的则"隐身"于长安街的两侧。这也让我们的这次漫步有了依据和理由。

    如果有人问我,漫步长安街,最值得看的是什么?我会毫不犹豫地告诉他,是建筑。它是最老的诗歌,也是最新的雕塑,从古至今,几乎所有的建筑艺术风格都能在长安街上找到相对应的缩影。关于北京乃至国家的成长记忆,都能从欣赏长安街上这些建筑艺术而获取。

序言

  1945 年，抗日战争胜利后，人们将日伪时期的启明门改名为建国门，我们选择从建国门桥出发，因为这里曾是饱受苦难的中国人寄托建设一个全新强盛国家的梦想之地。由此自东而西"漫步"，古观象台历经了六百年的兴衰流变；中国海关总署目睹了百余年间国门主权丧失又重获的曲折；坐落于贡院旧址之上的中国社会科学院，见证了新中国成立初期中国社会科学的不断发展；中国妇女儿童博物馆陈列的识字证、妇女选民证和土地证等物，是中国妇女地位提升的最直接体现；巍峨的天安门广场建筑群彰显着泱泱大国的雄浑力量；美轮美奂的国家大剧院映射了中华民族的艺术沉淀和文化自信……一路直到长安街西端的复兴门，今天中国教育电视台就坐落于此，它承载着中国改革开放科教兴国的理念与梦想，作为建设社会主义现代化国家新征程中的影像记录者，站在光荣与梦想的复兴门旁，中国教育电视台还将记录并见证后一个百年伟大民族复兴的辉煌。

  事实上，如果我们认真阅读这本《从建国门到复兴门：漫步长安街》，可说的，还有很多很多……

袁小平

2021 年 6 月

（作者系中国教育电视台台长）

这是一条每个人都熟悉的通衢大道，有人说它有 6.7 公里，有人说它有 42 公里，也有人说它只有 340 米；这条大道更是一段厚重的历史，而这段历史，有人说是七十年，有人说是一百年，也有人说是六百年……

　　长安街的名字，会让人想起汉唐盛世的都城。永乐四年，明成祖朱棣迁都北京，他心中最迫切的愿望，就是希望大明王朝能够真正国运永祚、长治久安。

CHANGAN STREET

行走在时光中的长安街

　　长安街蕴藏着城市、国家与民族的记忆，两侧鳞次栉比的建筑，或古老，或现代。在这里，历史毗邻着现实，现实也交织着历史，长安街因此而重要，也因此而亲切。新中国成立之后的七十年间，长安街发生着巨变。今天，让我们从建国门走向复兴门，去再次触摸这条时光长廊里的珍贵印记，再次回溯这条"神州第一街"的难忘记忆……

C H A N G A N   S T R E E T

01 建国门桥

在建都历史近九百年的北京,古都的韵味就在一晨一昏之中,东长安街起点的建国门桥,是城市最早迎接晨光的地方……

从建国门到复兴门：漫步长安街

四十年前竣工的建国门桥，是国内第一座机动车与非机动车完全分行的三层互通式立交桥，即便时代发展到今天，建国门桥仍是北京城内最重要的交通枢纽之一。但在明清时期的北京内城的九门之中，其实本没有建国门这座城门，直到烽烟四起的八十年前，侵华日军为了方便进出北京城，在内城东西两侧的城垣上，开出了两个豁口，东边取名为启明门，西边则取名为长安门。抗战胜利之后的中华大地满目疮痍，饱受战火摧残的亿万国人心中只有一个愿望，那就是建国与复兴！

人民的共同期盼在 1949 年 10 月 1 日这一天有了最终答案，新中国的诞生为这个百年来饱受侵略凌辱的民族带来了希望，中国共产党成为引领人民描绘新中国蓝图的人。在人民意愿的推动下，两座带着耻辱印记的城门被改成了建国门与复兴门，它们也就此成了东西长安街起点的标志。然而要将北京建成保留古都风貌的大国首都，万事还要从头来过。由于长安街所处的位置与沿线的建筑都具有极其重要的意义，早在新中国成立之初，针对长安街的规划定位与改造建设工作就已全面开始。

从建国门到复兴门：漫步长安街

    1957年，长安街已经初步完成了道路的延长和拓宽改造，开始进入沿线两侧建筑的建设阶段。新中国的第一批十大建筑，也在一年之后相继开工。彼时的东长安街，建国门的豁口虽然已经被踏平，但大街两侧的建筑低矮，街上车辆、行人稀少，远不似今天的繁华。

    道路是城市的脉络，建筑则是城市的气质。如今，从建国门桥向西望去，笔直宽阔的长安街与两侧高耸的建筑群落尽收眼底，犹如在眼前展开了一幅绵长壮美的卷轴，最初的规划设计成为现实，处在建国门与复兴门守望之中的十里长街，记录着共和国七十年的峥嵘岁月，而中华民族也正是从新中国成立开始，走上了全面复兴的征程。

01·建国门桥

CHANGAN STREET

02　古观象台

建国门西南一角的古观象台，还没有被湮没在长安街的喧嚣里，它曾是元世祖都城城墙上的角楼，也曾是明清两个朝代的皇家天文台，它比古老的英国格林尼治天文台还要早两百年……

从建国门到复兴门：漫步长安街

古观象台用先人们的智慧结晶，见证和记录了中华民族五百年的斗转星移，从来不会为谁驻留的时间，在这里似乎也被静止凝固了。从昔日皇家观星授时、正朔求治的天文台，到今天展示中国古天文学成就的博物馆，古观象台静静讲述着属于中华民族的时光往事。它中和着现代交通的繁忙与大国古都的底蕴气场，它像是一座守望帝京的城池，更像是一位沉默睿智的先知。

北京古观象台，以建筑完整、仪器精美闻名于世，明时被称为"观星台"，清代改称"观象台"。古观象台主体建筑台高14米，是一座明代城堡式建筑，附属建筑则是一套明代四合院。在100平方米见方的台顶，陈列着今天古观象台的镇馆之宝——8架保存完好且精美的天文观测仪器。

大家现在来古观象台观光，看到的仪器的摆放位置，跟历史上的位置完全一样。新中国成立以后，对古台台体进行了修缮。由于那个时候城砖非常缺乏，当时的施工人员只能把可用的城砖一分为二，然后把新的城砖部分向外放置，所以，现在我们看古台台体，东面和北面显得比较新，西面和南面因为用的是原来的城砖，所以显得比较苍老一些。

从建国门到复兴门：漫步长安街

在古观象台台基的西侧，一层层石级早已被磨得光滑了。数百年时间，这里不知留下了多少天文学家探索苍穹的足迹。拾级而下，穿过一道月亮门，便可见到一处四合院。在苍松翠柏的掩映下，几架明代天文仪器错落分布着，这里便是明清两朝掌管天象的钦天监办公地所在。如今，这里成了向游人介绍中国古代天文学成就的场所。只不过，当我们抬眼望见院中主殿内悬挂的写着"紫微殿"三个大字的匾额时，却仿佛真的有了一种穿越前朝的感觉。

02・古观象台

19世纪70年代,英国的一位摄影师托马斯·查尔德在本国的报纸上发表了一篇关于他来到北京古观象台的游记,其中,有这样一段文字描述:

"

中国一直是世界的谜团,而且可能永远都是。在我们艺术和科学方面取得的一些最伟大的成就中,这些神奇的、几乎不为人知的人们已经领先了我们几个世纪。

"

从建国门到复兴门：漫步长安街

　　从观星授时的皇家天文台，到今天向世人展示中国古代天文学成就的陈列馆，坐落在长安街边上的这座古观象台，似乎在以它的不变与变，向我们讲述着属于它的岁月故事。镶嵌了1876颗铜星的天体仪、美似弯弓的纪限仪……这些古老的天文仪器，已经为古都北京计算了近五百年的斗转星移。然而，就像时间不会为谁驻足一样，古老的长安街，也不会因为这些老伙计的健在，而拒绝新时代的到来。

　　今天，从古观象台望向近在眼前的建国门桥，曾经古老的城垣消失了，取而代之的是新中国第一座三层互通式立交桥。再由建国门桥向西一眼望去，一条宽阔、通畅、笔直的长安街尽收眼底，它也成了新中国美好前景与光明未来的绝好象征。随着1949年新中国成立，北平更名为北京，成为新中国的首都，关于对长安街的改造和建设，便成为共和国七十年最为深刻的国家记忆。

门票信息：成人票20元/人，大学生票10元/人，中小学生票5元/人
开放时间：9：00~17：00（16：30停止售票），周一闭馆
交通指南：乘地铁1号线至建国门地铁站C口出站

02 · 古观象台   17

CHANGAN STREET

03 海关博物馆

　　古老的观象台湮没在了建国门周围鳞次栉比的高楼下，而就在古观象台边上，曾经的矮旧平房区，也成了讲述中国海关历史的博物馆，它的旁边，正是新中国的海关总署大楼。不知道是不是巧合，离中国海关总署大楼不过数百米的地方，一幢绿色外表的建筑，便是中国邮政大楼。今天，年龄稍长者，多有关于中国绿色邮政的记忆，然而很多人可能都不知道，中国的现代邮政，却是发端于海关。海关和邮政，究竟有什么渊源？想寻找这个答案，我们恐怕就得走进这座中国海关博物馆……

从建国门到复兴门：漫步长安街

紧邻古观象台的西侧，矗立着中国海关总署的大楼，这座大楼坚实、厚重、挺拔，两侧的楼体如堡垒一般守卫着中间庄严的大门。这是一扇掌控国家外贸进出口、日均吞吐800亿人民币贸易额的大门，中国海关拥有着开启这扇大门唯一的钥匙。早在1950年的劳动节庆祝大会上，刘少奇曾讲道："今天，我们已经把中国大门的钥匙放在自己的袋子里，而不是如过去一样放在帝国主义及其走狗的袋子里。"这句话成了新中国海关关徽上金钥匙的灵感来源。

从1861年英国人李泰国被任命为第一任海关总税务司开始，近九十年的时间里，中国海关这扇大门的金钥匙，始终被掌控在英美两国的手里，它们控制着贸易规则，巧取豪夺，获取着不义之财，也渐渐掏空了这个东方大国的身体，然而当时懦弱的清政府却对此毫无办法。在世纪之交，不堪屈辱的先驱者们为了中华民族之崛起而开始了抗争，沉睡百年的东方睡狮渐渐觉醒……

从建国门到复兴门：漫步长安街

鄂君启节

　　鄂君启节诞生于战国中期，是楚怀王发给一位叫鄂君启的通关凭证，它也因此得名。作为中国现存最早的通关凭证，这对外形看上去像竹子的青铜制品，被收藏于中国海关博物馆。鄂君启节见证了中国数千年前的海关历史，而中国海关也从一个侧面，见证了中华民族的伟大复兴。

大龙邮票

大龙邮票被视为中国第一邮票。所谓"得黄金易，得龙票难"。大龙邮票为什么会出现在中国海关博物馆？原因就在于近代中国发行的第一枚邮票，便是由海关发行的。

1896年，清光绪帝谕批海关正式开办国家邮政。然而，令人唏嘘的是，彼时中国海关开办邮政的目的，竟然只是为了满足列强们通信海外的需要。更让人意想不到的是，中国近代的第一枚邮票，即大龙邮票的设计者并不是中国人，而是掌管中国海关近半个世纪的英国人赫德。

大龙邮票的最初式样与如今的式样截然不同，是一张以裸女为形象的邮票。赫德见到后，当即便否定了这样的设计，他提出应该以象征皇家的中国龙为形象，设计中国邮票。大龙邮票由此诞生。

从建国门到复兴门：漫步长安街

在中国海关博物馆的三楼展厅内，有一间原样复原的海关办公室，它的主人叫赫德。这个生于爱尔兰的英国人曾经掌管中国海关近半个世纪之久。然而，赫德在他离职的当天，在这里写下了对中国未来的预言："我走了，用不了半个世纪，中国必将是一个独立的强国。"

从建国门到复兴门：漫步长安街

这一年是 1908 年，赫德的预言近乎精准。共和国诞生不到一个月，新的中国海关正式成立，中华民族一段主权旁落、被西方列强操控的屈辱历史结束了，一段独立自主、维护主权的新篇章开启了。开启中国大门的金钥匙，被重新装回了中国人自己的口袋。

1953 年，新中国的海关关旗投入使用，在五星红旗的右下角，是商神手杖与金钥匙交叉的海关关徽。自此，这面红色的旗帜始终飘扬在中国海关船舶的船首，它代表着一个国家的主权与尊严。

伴随着改革开放与对外贸易的飞速发展，中国海关在发展本国经济、保护本国利益、稳定国家贸易环境上，正起着日益重要的决定性作用。早在 2012 年，中国就已经成为世界贸易规模最大的国家，这既证明着中国在世界经济体系中的地位，更证明着中国综合国力的崛起！

门票信息：须凭有效证件免费领取
开放时间：9:00~16:30（15:45 停止换票，16:00 停止入馆），周一闭馆
交通指南：乘地铁 1 号线或 2 号线至建国门地铁站 C 口出站，向西步行 200 米左转，沿大羊毛胡同步行 150 米

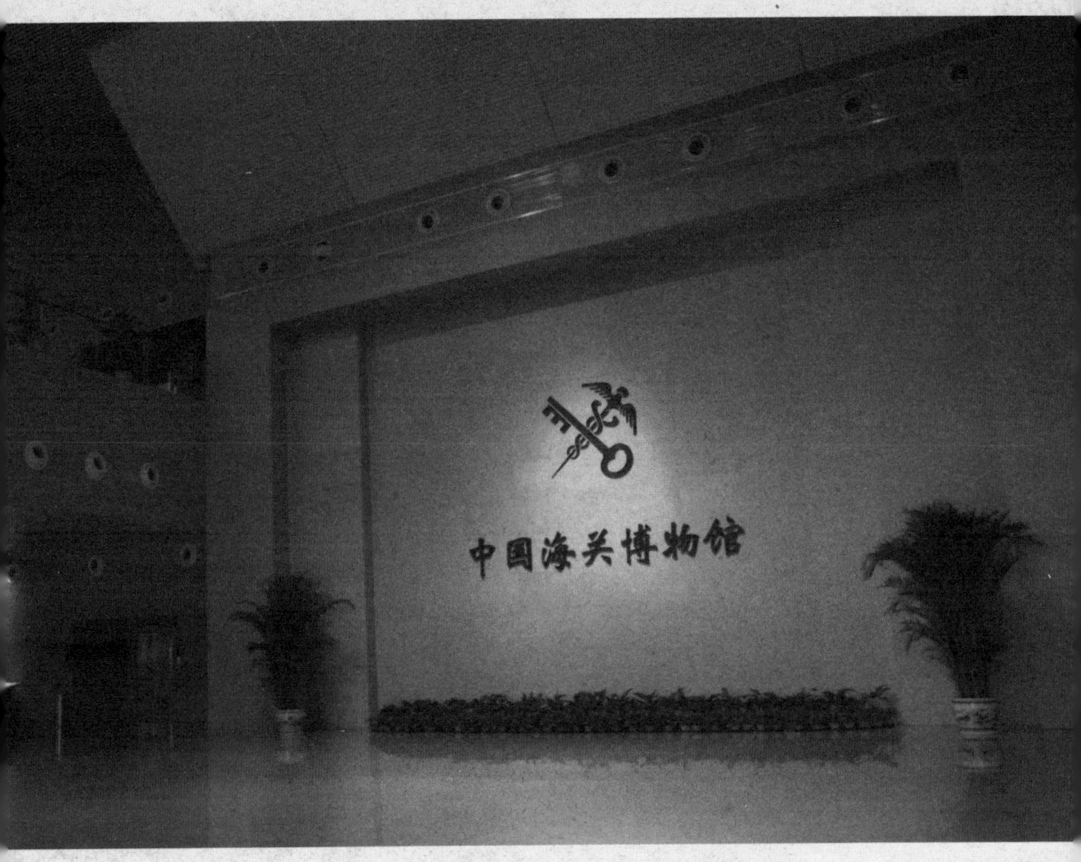
中国海关博物馆

CHANGAN STREET

04 社科院

当人民海关在勾勒新中国的海岸线，重新书写新中国与世界关系的同时，古老的长安街也正在以它的翻天巨变，建立起它与新中国的新关系。

在建国门桥的西北角，有一幢雪白的建筑，它便是大名鼎鼎的中国社会科学院，这里曾经是明清两代的贡院所在地。如今，北京贡院古考场的遗迹早已荡然无存，仅留下数条以"贡院"二字命名的街巷，构成了今天长安街边上著名的贡院街。

从建国门到复兴门：漫步长安街

新中国已经扬帆起航，旧社会向新社会的改造进行得如火如荼，而对于有着五千年文明史与五亿人口的泱泱大国来说，人文与社会科学的收集梳理与研究，就显得尤为重要了，因为众多的治国之道与治世之法就蕴藏其中。如同一个君主需要谋士的辅佐一样，治理一个新生的国家，同样需要顶级智库的支持。

在海关总署的对面，有一座米色大楼，它便是大名鼎鼎的中国社会科学院。1955年，在中国科学院内部，成立了哲学社会科学部。1977年，哲学社会科学部正式从中国科学院独立出来，更名为中国社会科学院。

如今，社科院的社科会堂中，仍能看到一张张执着、睿智的面孔：郭沫若、胡乔木、范文澜、陈垣、金岳霖、陈翰笙……这些来自各个领域的宗师大儒，在共和国诞生的前夜，克服困难，冲破屏障，为新中国贡献力量。这些各个学科的带头人与奠基者，在当时都有着一个共同的身份——中国社会科学院专家。

亿万人民的语言教科书

百年的动荡与战乱导致了语言的使用极其混乱,目不识丁的人数量庞大,特别是在新中国成立之初,公文与电报行文中就经常出现乱用词汇、文理不通、文白杂糅的情况,严重制约着沟通效率。那是一个不破不立的时代,新的国家,首先要建立一个统一的语言体系。万象更新的共和国,正在酝酿一场语言的大变革。成立于1950年6月的中国社会科学院语言研究所,是新中国创建最早的哲学社会科学领域的研究所,研究所中的罗常培、吕叔湘、丁声树等一批语言学大师,便是那场伟大变革的发起者与推动者。

在保护各民族语言文字使用自由的前提下,为这个多民族的国家确立一种民族共同语,被提上了共和国的最高议事日程。1951年6月6日,《人民日报》发表了一篇经过毛泽东主席审阅的社论——《正确使用祖国语言,为语言纯洁和健康而斗争》,同时连载了46期吕叔湘、朱德熙两位专家的著作《语法修辞讲话》。这本以强调实用、推广白话文写作、修辞与语法并重的著作,先后发行了百万余册,被誉为"亿万人民的语言教科书"。

普通话

　　1955年，在中国社会科学院主持召开的汉语规范学术讨论会上，最终定义了今天全世界华人都在说的普通话，即"以北京语音为标准音，以北方话为基础方言，以典范的现代白话文著作为语法规范的现代汉民族共同语"。

从建国门到复兴门：漫步长安街

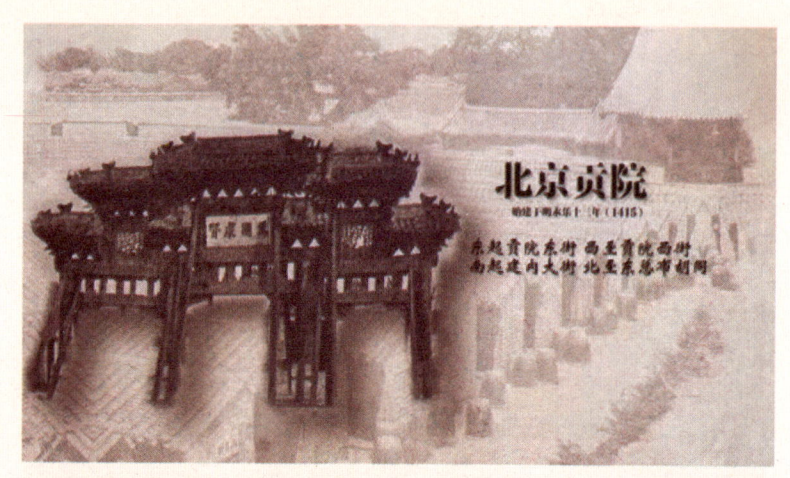

社科院一带，旧时曾是明清两代的贡院，作为国家广纳贤才之地，这里鼎盛时期曾有13000多间科考号舍，数百年间迎来送往了不计其数的各地精英。如今，北京贡院的历史遗迹早已荡然无存，仅留下了数条以"贡院"二字命名的街巷。今天，长安街上的贡院街，虽然再也不会有天下考生齐聚贡院的景象，然而，曾经属于北京贡院的那份瞩目，却依然存在。在北京贡院的旧址上，新崛起的中国社会科学院，至今已经发展成拥有6大学部、40余个研究院所的全球顶级智库。正如恩格斯所说的，一个民族，要想站在科学的最高峰，就一刻也不能没有理论的思维。中国社会科学院，从建院之日起，便不断地为新中国治国理论进行探索和政策研究，同时，也肩负着提高新中国人文社会科学水平的使命。2017年年底，与时俱进的社科院，成立了习近平新时代中国特色社会主义思想研究中心。

社会科学院诠释着长安街所蕴含的长治之道，这里也必将为这个古老而新生的国家，贡献更多的治国良策。

CHANGAN STREET

05　中国妇联

沿着长安街向前缓行,在政协路的西侧,一幢线条圆润柔和的建筑出现在眼前,这里便是当今世界上规模最大、覆盖人数最多的妇女组织——中华全国妇女联合会的办公地。

从建国门到复兴门：漫步长安街

在封建社会数千年的漫漫长河中，女性无法获得与男性相同的权利与尊严，男尊女卑的思维被世俗渐渐固化，而东汉的女学者班昭曾著的《女诫》七篇，更是使"夫为妻纲"与"三从四德"成为社会普遍尊崇的准则。尽管广大女性群体中不乏花木兰与穆桂英这样的巾帼英雄，也出现过许多不让须眉的政治家与才女，即便如此，妇女群体仍始终被政权、族权、神权、夫权这四条绳索紧紧束缚着，无法摆脱被虐待与压迫的命运。

新中国的成立，使中国人民成为国家的主人，作为开辟新纪元的重要力量，中国广大女性的解放运动，也在新中国成立伊始拉开了帷幕。1954年9月，新中国的第一部《宪法》诞生，"男女平等"被正式写入了《宪法》之中。而早在1950年4月，毛泽东主席就曾签发命令，颁布了新中国制定的第一部法律——《中华人民共和国婚姻法》。婚姻法规定：废除包办婚姻、男女婚姻自由、坚持一夫一妻、男女权利平等。这部法律的诞生，正式宣告了夫权至上时代的彻底终结。从此，广大女性有了自由追求幸福的权利。

《婚姻法》的诞生

作为新中国的第一部法律,《婚姻法》的草拟和制定者,并不是当时中国的某位先进女性,而是一位男性,他的名字叫王明,他同时也是中国《妇女杂志》的创办人。据说,《婚姻法》的初稿,是在王明17个小时不间断地口述下,由他的秘书记录完成的。而更令人意想不到的是,《婚姻法》之所以能成为新中国的第一部法律,其实早在三十年前,就已埋下了伏笔。

毛泽东关于妇女解放的思想,对新中国成立之初的妇女解放运动,起到了至关重要的领导作用。而毛泽东之所以如此重视妇女解放,特别是妇女的婚姻制度,则源于早年发生的一件社会悲剧对他思想的触动。

1950年 新中国第一部《婚姻法》颁布

1919年，一个叫赵五贞的年轻女子，因不满父母包办的婚姻，在自己婚礼当天，在花轿中自杀了。当时正在长沙的毛泽东听闻此事，愤然提笔，连做9篇文章，《论赵女士自杀事件》《社会万恶与赵女士》《改革婚制的一个先决问题》……每一篇文章无一不在表达他对封建旧制束缚女性的不满与愤慨。也许就是在那时，一颗打破封建牢笼、解放中国女性的种子，便深深地埋在了毛泽东的心里。1950年3月，仅仅是新中国成立后的半年，毛泽东便亲自指定王明起草《婚姻法》。

1950年4月1日，当王明在中央人民政府第七次会议上提交了《中华人民共和国婚姻法》草案后，毛泽东随即发布了中央人民政府主席令，《中华人民共和国婚姻法》自1950年5月1日起在全国实行。自此，这部总计八章，包含二十七条，新中国成立后的第一部法律《婚姻法》就此诞生。

作为全国妇联的前身，中华全国民主妇女联合会，成立于1949年4月的第一次全国妇女代表大会，这是有史以来第一次全国规模的中国女性的会议，500余位来自各地区、各党派与各民族的女性代表会聚一堂，共商新中国成立与妇女解放大计。妇女解放运动就此开创了中国女性的历史新纪元，一个纵观中华五千年历史也从未有过的崭新组织——全国妇联由此诞生。可以说，全国妇联的成立，是新中国成立的需要，更是不久后建设新中国的需要。

在中国妇女儿童博物馆中，有一张小小的识字证书，这是一位40岁的女性学员参加速成识字班，学习期满，成绩及格并准予结业的证明；在博物馆中，还陈列着最早的妇女选民证与土地证……如果说一张识字证书让千百万的女性睁开了双眼、打开了心声，那么这些选民证和土地证，则让新中国的女性拥有了参政选举权与财产所有权。她们已经同广大男性一起，真正成了新中国的主人。

从建国门到复兴门：漫步长安街

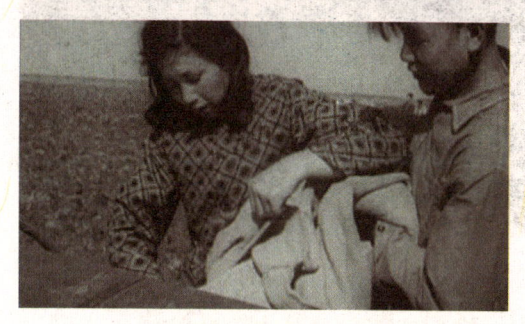

新中国给予女性平等的权利，更给予女性最高的国家荣誉，为人熟知的"全国三八红旗手"称号，便是由全国妇联从国家各条战线的优秀女性中评选出来的。作为全国专项表彰妇女先进人物的最高荣誉，"全国三八红旗手"设立于1960年。当时全国大批女性积极参与到了新中国的建设之中，"妇女能顶半边天"这句口号响彻了大江南北，其中涌现出的众多优秀人物，成为全国女性心中的榜样与全国人民学习的楷模。

1995年，联合国第四届世界妇女大会在北京召开，来自世界189个国家的政府代表与各组织、各机构代表共15000多人参会，开创了联合国会议的规模之最。大会的主题为"以行动谋求平等、发展与和平"，会议发布了《北京宣言》。这次盛会，创造了世界女权运动的巅峰。

共和国走过了七十年，如今，六亿八千万的中国女性群体，共同沐浴在幸福的阳光之中，男女平等早已成为社会共识。而允许女性比男性更优秀，则印证着时代的进步。

门票信息：须凭有效证件免费领参观票进馆
开放时间：9:00-17:00，周一闭馆
交通指南：乘地铁1号线或5号线至东单站B口出站

CHANGAN STREET

06　王府井

　　走过东方广场，我们来到了长安街上的金街——王府井。金街，一定是寸土寸金的地方，能够在此扎根立足的商家，必然有着各自的金字招牌。对于山南海北的游客而言，逛王府井是来北京必不可少的行程之一。在这里，传统的老字号与时尚现代的商业品牌和谐共荣，京味商业文化的百年积淀与传承，在这条大街上展现得淋漓尽致……

从建国门到复兴门：漫步长安街

06 · 王府井

　　北京的地名中，多为"街""路""坊""巷"，却没有"道"，这是因为北京是"以市廛①为街，村庄为道"的首善之区，在规制上不能与其他地方混同。辽金时期的王府井大街，还只是一个不出名的村落。伴随着元大都的建立，村落的人气渐旺。到了明代，已建起十座王府的这里改称为十王府街。1915年，北段的王府大街与南段合并，因为南段曾有一眼甜井，王府井大街因此得名。

　　1903年，因邻近皇城东安门而得名的东安市场开张营业，特有的城市底蕴融入亲和自在的平民文化氛围，让这里成为北京城购物、休闲、娱乐的重要地标，一时间商贾云集、人流如潮。一首北京《竹枝词》中曾这样写道："新开各处市场宽，买物随心不费难。若论繁华首一指，请君城内赴东安。"

　　作为一条有着百年历史的商业老街，早在民国时期，王府井大街便已是北京城商业最繁华之地，有着长安金街之称。新中国成立后，为了繁荣市场，满足人民的生活需求，人民政府对王府井大街进行了整顿和改造，在继承传统经营特色的基础上，又兴建了一批大型商业设施。这其中，最为国人熟知的莫过于被称为"新中国第一店"的北京百货大楼。

① 市廛（shì chán）
1. 市中店铺；2. 指店铺集中的市区。

1955年开业的北京百货大楼，是新中国第一座由国家投资兴建的大型百货商场。从开业的那天起，这里就成了广大百姓最常光顾的地方。20世纪六七十年代，百货大楼柜台前总是人头攒动，这是当年一道最常见的风景。中国人第一次感受到了物质生活的极大满足，也能在更近的距离憧憬生活的美好未来。

人们对美好生活的期盼，更滋生出了对新中国的无限热爱。在那个热情如火的年代，各行各业的人们都在积极努力地进取着，他们的奋斗并不只是为了自己，而是无私地为了国家与人民。这体现在商业战线上，就是为人民服务意识的飞跃式提升。中国的商业始于商代的以物换物，数千年来，传统商业的服务意识也只是基于本分经营与利益获取。新中国的成立，使得人民成了国家的主人，"全心全意为人民服务"这句话，被人们发自肺腑地接受并贯彻到各自的工作之中。也正因如此，新中国的商业焕发出了前所未有的活力。

张秉贵铜像

今天，在王府井百货大楼的广场前，矗立着一尊巨大的半身人物铜像，年纪稍长的游客若经过这里，多是喜欢和这座铜像合张影。合影的目的自是为了留念，留下的是照片，而怀念的则是新中国成立之初的一个时代记忆。

这尊铜像所纪念的人，名叫张秉贵。20世纪五六十年代，作为新中国商业战线上的一面旗帜，张秉贵的名字和他的故事，传遍了大街小巷，他代表着一个时代，更代表着一种精神。即便是在今天，在很多人心中，依旧有着一份挥之不去的"张秉贵"情结。

作为当时糖果柜台的售货员，张秉贵为了节省顾客排队购物的时间，练就了"一手抓"的本领，仅凭自己的一只手，便能快速抓取顾客所要糖果的斤两，毫厘不差。后来，有人说他算账慢，他又苦练心算，最后往往是顾客要买多少的话音刚落,他便同时报出了应付的钱数。有了这"一口清"的技艺,加上"一手抓"的活儿,张秉贵很快便成为北京百货大楼的服务标杆。张秉贵是百货大楼的第一代售货员,三尺糖果柜台之后,他一站就是三十年,接待顾客将近400万人次。他的绝活"一口清"和"一手抓"被誉为"燕京第九景",已经成为那个时代的传奇。人们竞相感受他的服务,据说拥挤的人群曾经把柜台都挤碎过。

张秉贵的服务绝活与工作中的精神风貌已经升华到了艺术境界,打动着无数顾客,但却无人知晓他为此所付出的心血和汗水。旧社会童工与学徒的苦难经历,让他对新中国充满了感激与热爱,他将这种真挚的情感毫无保留地融入工作之中,创造出了感动时代的"一团火"精神。而这种精神,也正是新中国人民凝聚力的真实写照。

张秉贵与他的"一团火"精神感召着各行各业,也激励着这条金街上的每个商家:王府井新华书店、中国

照相馆、王府井工美商店、新东安市场、四联美发厅……还包括东来顺、盛锡福、同升和等传统老字号，这些各自领域的翘楚，与百货大楼一起，共同打造出了王府井商业街的金字服务招牌。如今，"一团火"已经成为王府井百货集团的企业精神，"全心全意为人民服务"也正在新时代中被传承着。这条浓缩了中国百年商业文化精华的金街，魅力依旧，风采依然。

今天，位于东长安街的王府井大街，已经成为全球顶级的商业街之一。人们爱逛王府井，多是因为这里既包容有古老的商业文明，创立了闻名全国的许多中华老字号；同时又吸收着来自于全球的商业文化，聚集着众多世界知名的品牌公司。传统与时尚、古朴与前卫……各类商业品牌毫不违和地在这里相生相济，这或许就是王府井大街的魅力所在。

交通指南：乘地铁1号线至王府井站出站

CHANGAN STREET

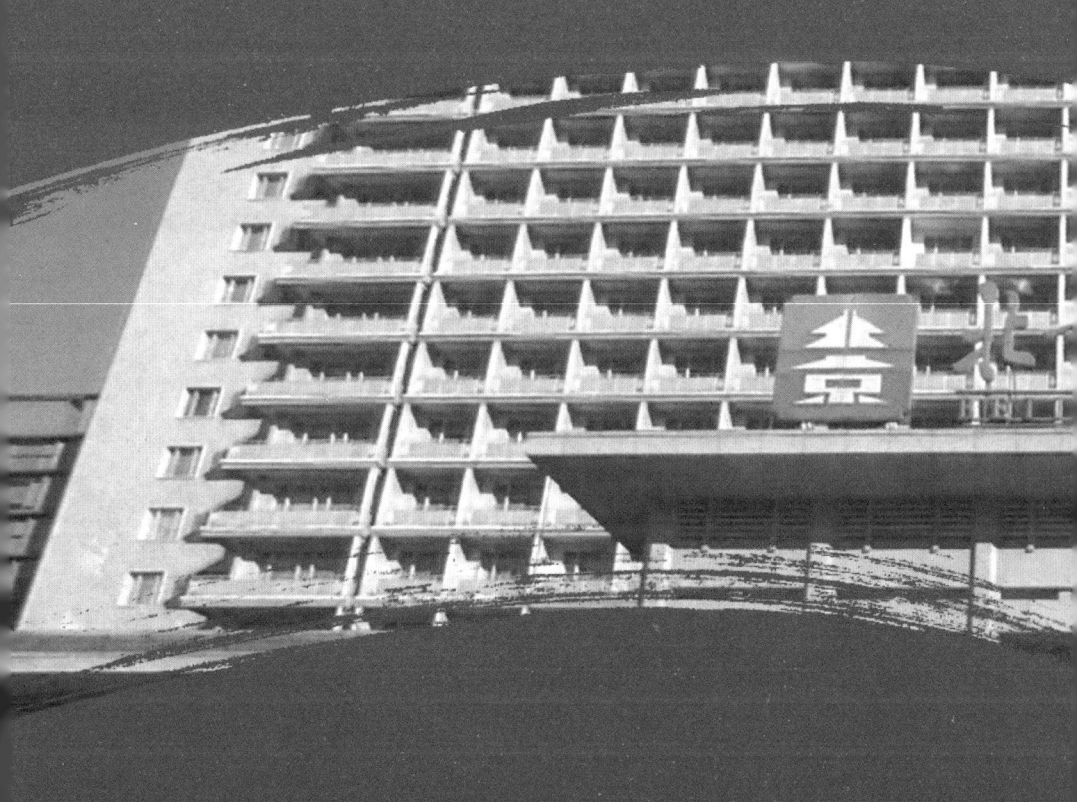

07 北京饭店

在王府井大街路口的西北角，矗立着三组高低错落的建筑。它们大气雍容地连成一排，面向着长安街，也面向着时代。这里就是见证了北京与中国百年风云的北京饭店。

从建国门到复兴门：漫步长安街

今天的北京饭店，由四座主体建筑构成，建筑之间通体相连。因此，很多来这里入住的客人，都喜欢在闲暇时，散步在饭店的各个建筑之间，开启一次短暂的历史之旅。而这其中，有两个地方是必去之地，一处是著名的金色宴会厅，建成于新中国成立五周年之际；另一处则是一座充满法式风情的酒店，因为这里才是最早的北京饭店。

北京饭店的传奇故事，始于1900年两个法国人在东交民巷开的小酒馆。1901年，这两个法国人将酒店迁至东单，并正式挂出了北京饭店的招牌，这也是当时北京城里的第一家新式饭店。1905年，北京饭店再度迁址到东长安街王府井南口，也就是现在的北京饭店所在地。1907年，北京饭店由一层的平房，加盖成五层的红砖楼房，并设有48套西式客房。十年后，红砖楼房的西侧又盖起一栋法兰西帝国时期风格的七层大楼，也就是现在北京饭店的B座。据说这座法式大楼建成的当天，便吸引了北京城800多位权贵来到这里，当时那种奢华的场面，让它的开业一度轰动了北京城。如今的北京饭店中楼，依然是一栋洋派的欧式建筑，这栋建筑在当年为饱经沧桑的帝都北京，增添了一份难得的时尚。细心的人们也许还能在今天北京饭店的某个不起眼的过道处，发现这样一幅图片，这幅图片便是当年北京饭店开业时的广告传单。洋气十足的饭店，配着一尊憨态可掬的笑面弥勒佛，如此地中西合璧，在当年绝对算得上创意十足了。

今天北京饭店建筑群中的大部分装饰，还依然保持着当年的风格。一百年的北京饭店，已经成为北京历史与文化的象征，得天独厚的地理位置与高水准的服务，让它享誉海内外，并一度成为当年东亚地区的第一豪华饭店。北京的酒店众多，但能以城市命名的，除了这里，别无分号。

翻阅北京饭店的历史过往，其间闪现着众多风云人物的名字：末代皇帝溥仪，在御花园第一次品尝西式茶点，就是北京饭店派出的人员服侍的；而只做了83天皇帝梦的袁世凯，也曾在北京饭店举办过盛大的酒会……

饭店至今还保留着许多入住名人的客房原貌：孙中山先生曾在1925年2月入住6501号客房，这也是先生生前下榻的最后一家酒店；张学良将军是这里的常客，他与蒋介石的首次会面，就安排在北京饭店；1933年，英国大文豪肖伯纳入住6521号客房，他曾动情地说："我已经爱上了中国，我感觉像回到了家，我属于这里！"

北京饭店是许多重大历史事件的见证者，而这些事件，与这个城市的变迁和古老国度的发展，紧密相关。

07・北京饭店

1949年的春天，北平的和平解放，昭示着新时代的来临。北京饭店成为新中国成立筹备工作与人员接待的首选之地。在这一年，北京饭店接待了众多从各地赶来的民主爱国人士和各界精英，他们中的很多人，曾经在过去的不同时期来过这里，然而和以往不同的是，这一次，他们共同担负着一个重要的使命——商讨建立新中国。当时，中华人民共和国的国旗、国歌的征集小组都设在北京饭店，《共同纲领》也是通过民主人士与毛泽东、周恩来等领导人在这里商谈而诞生的。

开国大典的当晚，在著名的金色宴会厅，曾举办了一场600多人参加的"开国第一宴"，毛泽东、刘少奇、周恩来、朱德等开国元勋出席了这次盛会。这也是北京饭店历史上，第一次承担如此重大的宴会任务，同时也是北京饭店有史以来规格最高的一次晚宴，它已经成为北京饭店永远的荣誉与骄傲。而此后接连八年的国庆招待会，也都被北京饭店包揽。

当新中国在国际外交舞台，以新的姿态赢得世界瞩目之时，北京饭店也以崭新的面貌迎候着来自世界各地的重要来宾，它见证了共和国外交史上一段辉煌的篇章。

1954年，建筑大师戴念慈设计了北京饭店的西楼，他没有采用当时流行的大屋顶元素，转而采用被简化的中式小坡檐屋顶，这种设计方式既保证了与老建筑在风格上的协调统一，又能突凸显中国建筑的神韵。酒店内部的空间宽阔，大堂的彩绘金柱与仿古藻井式的顶灯富丽堂皇，宛如宫殿，加之重檐牌楼与雀替等中国传统建筑的设计，使得酒店呈现出鲜明的民族特色，而其中可容纳1700人的金色宴会大厅，从此也成为北京举办各种大型宴会与活动的重要场所。

从建国门到复兴门：漫步长安街

伴随着时代的发展与外宾接待量的增多，北京饭店亟须扩大规模来满足日益增长的接待量，因此北京饭店的东楼，在20世纪70年代中期最后落成。

三组风格迥异的建筑跨越了六十年的时空，却又如此融合地矗立于此，这正是中国文化中和谐观念的体现，长安街畔的北京饭店，时刻展示着中国文化的底蕴与精华。

有人说，今天的北京饭店能历久而弥新，是新中国赋予了它全新的气质，事实也的确如此，可以毫不夸张地说，在新中国成立之后，还从未有过其他任何一家饭店，能与北京饭店这般，感受着共和国的尊严与自豪。

如今的这里迎接着五湖四海的宾朋，选择北京饭店，就相当于选择了一段城市与国家的历史。每当华灯初上的时刻，从北京饭店的窗子向外望去，在东长安街迷人的夜色之中，共和国七十年的芳华岁月，尽收眼底……

07・北京饭店

CHANGAN STREET

08　菖蒲河公园

长安街北侧的红墙将皇宫内城的威仪隐藏其后,前方川流不息的车河,流成了日夜不停的护城河水。北京饭店西侧的红墙,被南河沿大街开出了一个缺口,这里曾是元朝水利专家郭守敬开辟的通惠河故道,这条葱郁的河流,因菖蒲而得名,又紧邻明清皇城南墙,它还有一个名字——御河。当年西苑大内的太液池水,沿着皇城河道流入天安门前的金水河,最终汇聚于此。

从建国门到复兴门：漫步长安街

菖蒲河畔的生机属于每一个夏天，数千年来，菖蒲一直都是中国重要的观赏植物，人们甚至赋予了它生辰与品格——"艾叶如旗招百福，菖蒲似剑斩千妖"。每当端午节前，各家的户檐都会插上菖蒲与艾草，用来祛毒驱邪。这条紧邻明清皇城南墙的城市内河，因菖蒲而得名，它还有一个名字——御河。当年西苑大内的太液池水流，沿着皇城河道，雍容沉静地流入天安门前的金水河，最终汇聚于此。如今的这里，已经成为一处免费开放的都市桃源。2002年竣工的菖蒲河公园，再现了当年御河之上的雍容与生机。幽幽绿水穿过天妃闸，催促着水中的五色锦鲤游向西边的飞虹桥，500米的红墙隔绝了嘈杂之声，让这里亭台水榭的颜色更加通透鲜亮，人在其中，仿佛置身御花园内，清幽秀雅的氛围，似乎在为不远处的皇宫蓄势。飞虹桥畔的凌虚亭是公园的最高点，站在这里，整个菖蒲河水系一览无余，这里虽没有会当凌绝顶的豪气，但却不乏居高临风的畅快。明代宰相杨士奇曾在这里留下"高明澄素"的观感，向下俯瞰着古色古香的东苑戏楼。

从建国门到复兴门：漫步长安街

　　昔日雍容的皇家御河，如今蜕变成了城市公园。500米的红墙隔绝了街市的喧嚣，两岸的菖蒲繁茂依旧，每当人们游览至此，便不禁回顾起那些过往的历史，思绪与水流就这样交织在一起，漂向远方……

门票信息：免费
开放时间：6:00~22:00
交通指南：乘地铁1号线至天安门东站B口出站（劳动人民文化宫东侧）

08・菖蒲河公园

CHANGAN STREET

09　太庙

菖蒲河公园的东二门外,正对着劳动人民文化宫的入口,这里曾是宫城中一座气势恢宏的建筑群落。当年的皇权统治者遵循左祖右社的规划设计,选择在紫禁城的东边建造庙宇,祭祀先祖,这就是位于天安门东北侧的太庙。明清两代的皇室先祖,就供奉在这座太庙之中。

从建国门到复兴门：漫步长安街

对祖先的恭敬程度,将引导教诲后世子民的心性。"敬天法祖"是历朝历代最为看重的社会礼法,也是中国儒家思想中的核心内容,像《论语》中就曾讲到"慎终追远,民德归厚矣"。皇帝祭祖是一项重要的国家祀典,每年除夕的前一天,皇帝都将携皇后嫔妃及文武百官,来到太庙合祭先祖,这是一年中规模最大的祭祖仪式,叫作袷祭。

太庙中有一棵当年朱棣亲手种下的神树,如今已经长到了 16 米高,它与其他 700 余棵古柏一起,将这座至高无上的建筑群落点缀得郁郁葱葱。

太庙的前中后三座大殿专为盛大的典礼而设计，特别是前殿气势最为宏大，两重华檐与三层石阶形成了舞台的结构，殿前广场可以容纳万人，站在宽广的广场上，向北仰望太庙正殿的壮美屋檐，过往的历史仿佛飘在风中，晦明变幻之际，有云霞聚散。

1950年的国际劳动节，太庙换上了"北京市劳动人民文化宫"的牌子，这里五百余年凝重肃穆的氛围，被市民和游客的笑声与咏唱打破。如今的太庙，是珍贵历史遗存，是旅游打卡地标，是人民休闲公园，更是一座世界上独一无二的顶级艺术舞台。

2008年，为世人惊艳的北京奥运会开幕式里，29个焰火"脚印"，沿着城市的中轴线，从永定门"走"到"鸟巢"，其中的第六个脚印就位于太庙上空，这是对中华民族祖先的又一次致敬。

门票信息：票价2元／人
开放时间：8：00~20：00
交通指南：乘地铁1号线至天安门东站A口出站（天安门东侧）

09·太庙

CHANGAN STREET

10 中山公园

　　大约一百二十年前的一个夏日午后,一阵急促的脚步声响彻午门,有个人急切地想要进入紫禁城,去向当时的皇帝禀告一起外交事件——位于东单的总部胡同发生的一起涉外命案。这起严重的事件让日后一座标志性的牌楼三易其名,并将整个北京城卷入一片火海硝烟之中。而这座牌楼,就在我们的下一站——中山公园之中。

从建国门到复兴门：漫步长安街

10 · 中山公园

从午门向西，穿过碧绿沉静的筒子河水与沿岸的树林，可以看到中山公园的东门。公园的主体建筑，名为社稷坛，又称五色土，五色土壤按中黄、东青、南红、西白、北黑有序分布，它象征金、木、水、火、土五行，也象征东、南、西、北、中五方。坛中央原有一方形石柱，被命名为"江山石"，寓意着皇权统治者的江山永固。明清时期皇帝在此祭祀土地与五谷之神，皇帝们相信，这种祭祀能够保证农业丰收，国泰民安。

1914年社稷坛被辟为人民公园向社会大众开放，这是国内第一座向公众开放的公园。1925年，孙中山先生逝世后，曾在园内拜殿停放灵柩举行公祭，随后这里就改名为中山公园。

从社稷坛一路向南，中山先生的铜像正对着公园南门。铜像旁屹立着7棵参天古柏，距今已有千年，人们亲切地称呼它们为"中山辽柏"。最东的一棵古柏最是奇特，在它粗干的裂缝中，竟又生长出一棵高大的国槐，这棵共生三百多年的古树，是园林中罕见的珍品，被称为"槐柏合抱"。辽柏旁不远处是唐花坞，这里是培育各种名贵花木的温室花房，如今也成了京城花界的一道盛景。当初建造社稷坛的工匠们或许想象不到，他们亲手打造的这方皇家祭坛，有朝一日竟会成为百姓和摄影爱好者的乐园。

从建国门到复兴门：漫步长安街

在接近公园南门的地方，有一座蓝琉璃瓦顶，由郭沫若题写的"保卫和平"石牌坊，这就是那座因外交事件而三易其名的牌坊。没落的清政府为被义和团枪杀的德国公使克林德树碑，并签下了丧权辱国的《辛丑条约》。彼时的北京皇城，已经被八国联军的炮火毁得不成样子，这座牌楼就是那段屈辱过往的写照。

一战之后，中国作为战胜国，将牌坊从西总部胡同西口移到了中山公园，改为"公理战胜"牌坊。新中国成立后，为了昭示中华民族珍爱和平的决心，又将这座牌坊改名为"保卫和平"牌坊。而今，这座牌坊已经成为中山公园的标志性建筑。

门票信息：平日票价3元/人，学生票1.5元/人；春花暨郁金香花展期间票价10元/人，学生票5元/人
开放时间：7:00~18:00
交通指南：乘地铁1号线至天安门西站B口出站（天安门西侧）

10・中山公园

CHANGAN STREET

11　天安门

如果十里长街是一曲宏大的史诗乐章,那天安门广场就是乐章中的最高潮,它里面有一个民族的崛起与一个国家的诞生。恢宏的建筑群落已经映入眼中,宽广的蓝天、如织的游人、飘扬的红旗……在这一刻,言辞总是多余,只有那首熟悉的旋律在脑海中响起……

从建国门到复兴门：漫步长安街

我们都还记得 2008 年奥运会开幕式上,《歌唱祖国》响起时全场与全国人民的感动,几十年的经典永驻心头,只需一个音符、一个画面就可以将情绪引燃。当年,歌曲的作者,就是被天安门广场的国庆气氛所感染,加之对共和国发自肺腑的热爱激发了创作灵感,"五星红旗迎风飘扬"的歌词随心而生、脱口而唱。

金水桥畔的天安门城楼是长安街上再熟悉不过的地标。

百年前,天安门是明清两朝皇城的正门,如今,它是共和国的象征。在中国近现代历史上,没有哪一座建筑的地位能够与天安门相提并论。高超的建筑艺术和特殊的政治地位聚焦着全世界的目光,它被视为这个国家的象征,而在每个中国人的心中,它是儿时的歌谣,是绝对的焦点,也是难忘的记忆。

天安门,是一座建筑,更是一个镌刻新生的时空印记。

作为东西长安街的分界点,天安门也是北京城市横纵交汇的中心。明清之时,天安门的两侧曾有两道城门,东为长安左门,西为长安右门,两门内侧由北至南建有千步廊,门外六部机构云集。连接两门的是一条长 370 米、宽 15 米的道路,这条被称为天街的道路,就是长安街最初的雏形。随着皇权的衰亡与民族的觉醒，皇宫大内中的天街被不断拓展着，两座长安门楼在 20 世纪 50 年代被拆除。从那时起，长安街才开始变成一条贯通的大道。

天安门原名承天门，清顺治帝将其更名为天安门。天安门的命名，寄托着明清帝王"受命于天，安邦治国"的理想，城门五阙，重楼九楹，象征着皇帝的"九五之尊"。明代的工匠蒯祥，用极具古典与大气之美的中轴对称设计，达成了皇帝的心愿，也为自己留下了一个旷世杰作。城楼前的金水桥上，玉石栏杆各不相同，以中间御路桥的蟠龙雕花柱最为精美，御路桥桥面最宽，北京城古老的中轴线从这里穿城而过，封建皇权最看重的等级，这显然是皇帝的特权之路，从桥的形制与命名上便可一目了然。金水桥的左右两侧矗立着一对汉白玉华表望柱，它们与天安门内的另一对对称分布，醒目的造型与遍布的云龙图案极富东方审美韵味，顶部呈露盘中的蹲兽，名叫石犼，它们分别注视着宫外宫内，这是提醒帝王们勤政为国的标志。可惜愿望终归是愿望，西侧华表的顶端，曾经被八国联军的炮火损坏，而彼时的光绪帝，早已仓皇跑到了 1000 公里以外的西安。

1949 年的春天，天南海北的民主知识分子与爱国人士，都先后收到了一封署名毛泽东的电报，电报邀请他们齐聚北平，共同召开新的政治协商会议。一个人民当家做主的新的国家，即将诞生。大批的民主爱国人士和归国学子，都不约而同地把天安门以南的前门火车站，当作了旅途的终点，他们克服着重重险阻，从四面八方会聚北京，共赴开国之约。10 月 1 日是一个被中华民族永远铭记的庄严时刻，中华人民共和国诞生了。

11・天安门　　　　　　　　　　　　　　　　　　　　　　　　　　　87

从建国门到复兴门：漫步长安街

所有的崎岖艰险，最终都抵达了胜利；所有的劫难压迫，此刻都化为了凝聚团结。开国大典振奋了所有国人的心，毛主席的一声"人民万岁"，也为天安门城楼留下了中华民族新纪元的印记。我们现在看到的国徽、毛主席像、两侧标语等早已同城楼浑然一体，而在新中国成立之时，它们却都有着各自不同的诞生故事。

1949年初夏，32岁的画家张仃回到阔别十五年的北京，脱胎换骨的新中国即将诞生，年轻的画家积蓄已久的爱国情感终于得到释放。张仃先后设计了政协会徽与新中国第一批邮票，同时负责了开国大典的美术设计工作，由他设计的国徽最终从全国征集国徽的众多方案中脱颖而出。他设计的国徽采用了天安门以及齿轮、麦稻穗、五星、绶带等设计元素，而选用麦稻穗的提议，则源自周恩来总理与宋庆龄副主席在八年前的约定。

新中国成立一周年前的一天，新中国的第一面木制国徽制作成功，并由张仃亲手将它悬挂在了天安门城楼上。

天安门城楼左右两侧的标语,每个字宽约 2 米,它们由书法家钟灵采用宋体美术字撰写。开国大典时的标语,左边是"中华人民共和国万岁",右边是"中央人民政府万岁"。钟灵与五百年前的"蒯鲁班"心有灵犀,他发现了 9 间门楼宽窄依次向两边递减的奥秘,于是他同样利用视觉错觉的原理,巧妙地解决了"左 9 右 8"的对称问题。1950 年的国庆节,右侧的标语被永久改为"世界人民大团结万岁",这不仅实现了美观对称,也彰显出新中国致力于世界和平的国家态度,更使得天安门具有了面向世界的意义。

　　天安门是皇城的大门,聚合了众多封建帝王的治国理想,但在 20 世纪的一个时刻,亿万国人都将目光与心聚合在这里,他们共同经历并见证了中华民族最值得铭记的辉煌瞬间。1949 年,它终于迎来了第一支人民的军队,也是捍卫整个中华民族的军队——中国人民解放军。天安门城楼与开国大典的庄严时刻凝聚在一起,成为这个古老民族记忆中最为耀眼的经典瞬间。

11・天安门

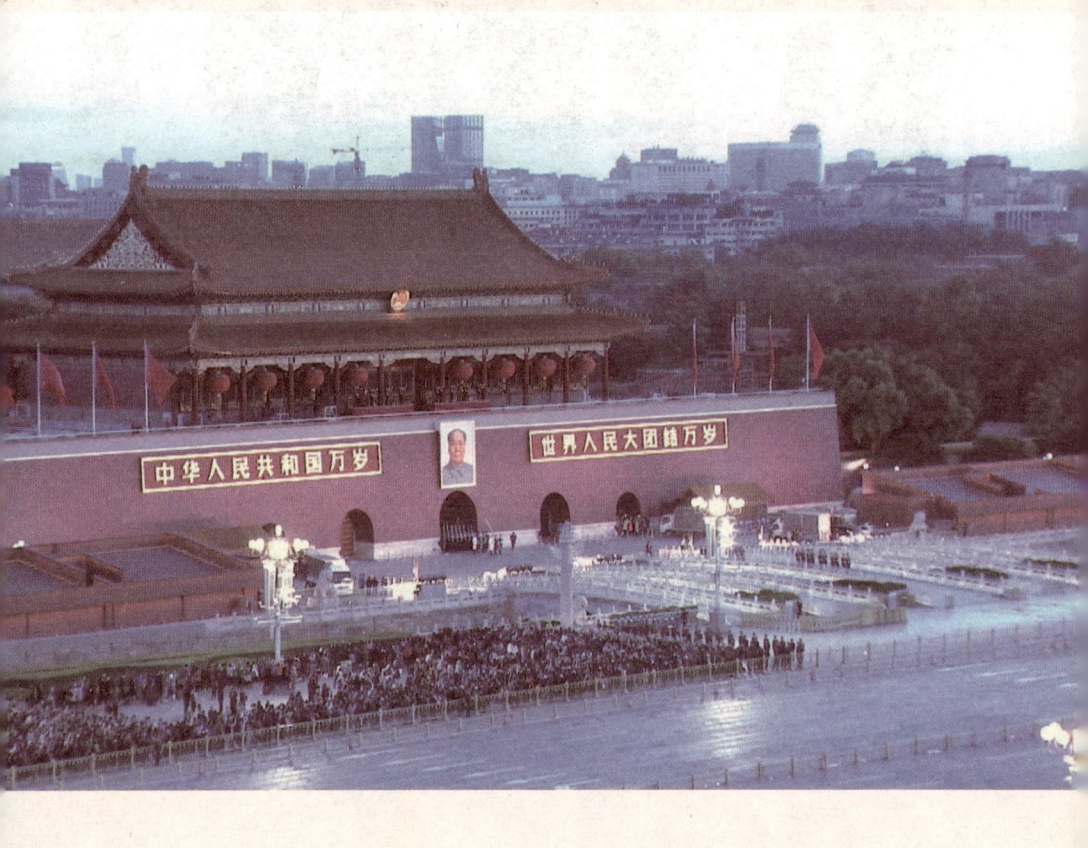

从建国门到复兴门：漫步长安街

升旗仪式

凌晨4点的长安街,汽车的尾灯串联成了一道虹,接驳着东西长安街,一排排的汽车有秩序地停下,这种秩序已经成为一种默契,也成为每天这个时刻天安门东西两侧所有过往车辆的一个共同意识。绿灯灭,红灯起,然后就是万众瞩目的时刻。祖国一词的情感与含义,总会在这里,在每一个清晨,伴随着从城楼中走出的国旗班护卫队,尽情释放。

这是一场日复一日的国家仪式,这项仪式因为凝聚了民族百年沧桑而显得无比神圣。每一天,国旗都会伴着日出升起,每一天的共和国,都犹如新生。自从1990年第一部《国旗法》颁布后,升旗仪式在近三十年中几经修改,最终才呈现出今天的完美和庄严。无论身处何时、何地,相信只要看到伴着国歌升起的五星红旗,每一个国人心中,一定会升腾出对国家的归属感,它是连接国与民的血脉,更是一个国家对历史与时光的致敬。

从建国门到复兴门：漫步长安街

  在 1949 年的进京热潮中，还有一位建筑师踌躇满志的身影，他的名字是张开济。连年的战乱使得建筑师难有作为，如今新的中国百废待兴，正是他们施展才华的舞台，于是 37 岁的张开济选择了留下。在梁思成的邀约与推荐下，他来到北京市建筑设计院，成为新中国第一代建筑设计师。他最著名的作品之一，就是天安门的观礼台。1954 年 6 月，为了满足国庆观礼的需要，开国大典时的两座临时观礼台，被改成了砖混结构的永久性观礼台，并在 1959 年进行了进一步改造，与天安门城体相连。对于天安门这样一座聚合了众多象征与符号的建筑，张开济对于观礼台设计的高深之处就在于它毫无设计痕迹，巧妙地将观礼台与城楼融为一体，它不仅为天

安门的主体建筑延展了视线，更完美地诠释了中国建筑理念中的自然与无为。

在天安门的五阙城门之后，昔日明清两代的皇宫禁地，已经成了旅游胜地与人民公园，而在城楼的正前方，则是属于14亿人民的巨大广场。天安门是新旧中国的分水岭，更是百年中国荣辱兴衰的见证者。当军阀列强与侵略者们纷至沓来，天安门依然用一种大国的威仪提振着民族的士气，沉默的坚守之中，这里终于迎来了人民的军队，听到了人民的欢呼，看到了新时代里的大国雄风。

交通指南：乘地铁1号线至天安门东站A口或天安门西站B口出站

CHANGAN STREET

12 广场

一个伟大民族必然会有它值得铭记的历史与应该传承的精神，一个人民的国家必然要有人民民主的体制与向心的凝聚力，而所有的这些都被聚合在这座世界最大的城市广场之上。这是一个国家的诞生之地，也是人民的期许之地。

从建国门到复兴门：漫步长安街

这里是世界上最大的城市广场。新中国成立前的天安门广场，还保持着明朝永乐年间始建时的"T"字形格局，两边是狭长的千步廊，直到国庆十周年时，人民英雄纪念碑、人民大会堂、永久性观礼台、中国革命博物馆、中国历史博物馆的建立，使得天安门广场成为新时代的焦点。1976年9月9日，毛泽东辞世，天安门广场的人民英雄纪念碑南侧建立起了"毛主席纪念堂"，同时，天安门广场又进行了第三次扩建。国庆五十周年时，天安门广场再次进行了大规模改造，以浅粉色花岗石铺地，以两块四季常绿的大型草坪点缀，在庄重中透射出美丽。

此刻，满眼涌动的人潮在视野中渐渐模糊，无数记忆中的经典画面被叠加着涌现眼前，那是十万人挥汗的开拓，是56个民族盛大的联欢，是向纪念碑献花的儿童，是国庆日绚丽的花坛，是天空中的流云，是一张张生动的笑脸……身处广场之中，我们会产生浓烈的亲切感与朝圣感，一代又一代数以十亿、百亿计的情感在这里勃发、碰撞、交织与被铭记，所有的笑容都凝聚成了共和国的表情，世界上没有任何一个广场拥有这样的容量与胸怀，这就是天安门广场的魅力与魔力。

广场之中，最不缺乏的就是表情，每个人都会与这里的每一栋建筑、每一个时刻合影，他们都想把最好的状态与最美的笑脸定格在这里。广场中有一群摄影师，他们就是给往来游客拍照的专职摄影师，他们调动着人们的情绪，用一张张经典的广场照，为游客留下永生难忘的纪念。

摄影师高源就是其中的一位，对于人们想要的效果与构图，他早已熟稔于心，57岁的他，已经在广场为游客拍了整整四十年照片。高源拍摄的照片中，多数取景于同一地点，这个地方1983年以前叫"国营西城照相"，位置在国旗杆西侧，现在叫6号摊位。因此，他被人们称为"6号摄影师"。由于冲洗照片需要一定时间，四十年来，因为邮寄地址错误或是游客忘记取片，高源拍摄的照片中，有数千张无人认领，他为此深感惋惜。虽然照片中的人们不知姓名，但他们脸上都同样挂着生动的笑容。如今，临近退休的高源仍然记挂着这些照片，他认为这些照片对于每个来到天安门参观游览的人具有非凡的意义，于是他产生了归还游客照片的想法。他通过网络发布了相关信息，希望有人还记得这些照片并能把它们取走。

摄影师高源用四十年的光阴记录了近百万张广场上的表情，而另一位收藏家，则用了三十年的时间，收集了数十万件与天安门相关的照片实物，他也因此成为天安门纪念品专题收藏研究的专家，他就是大校军官闫树军。

12 · 广场

从建国门到复兴门：漫步长安街

同根车收藏与天安门有关的实物1万多件

在闫树军的收藏品中，有一套他精选出的广场年度照片，从 1949 年开始，每一年广场的记忆，都被浓缩在一张最具代表性的照片之中。在这些照片中，我们见证着天安门广场在时光中的变化，这同样也是共和国的变化。

闫树军
天安门纪念品收藏研究专家

从建国门到复兴门：漫步长安街

毛主席纪念堂

　　1976年，共和国的领袖毛主席逝世，基于全国人民的共同意愿，中共中央决定建造"毛主席纪念堂"。而最初的选址，除了天安门广场外，还有景山和香山。为了便于人民的瞻仰，纪念堂最终选定建设在广场中轴线上的南侧，这里原本是明清皇城的正南门，纪念堂也是天安门广场最后完工的一栋建筑，于1977年5月竣工完成。纪念堂同人民英雄纪念碑一样，依然是坐南朝北的设计，一方面是出于广场视线的考虑；另一方面也寓意着这位新中国的缔造者与伟大领袖，可以时刻与人民同在。

一百年前的天安门广场，还是清朝时期的中央政务区，笔直的皇家大道，有着144间廊房的"千步廊"，用围墙圈起来的T型广场，彼时还是人民的禁区。

　　如今，这里不但是人民群众的游览场所，而且成了整个民族最重要的活动举办地和集会地。天安门广场目睹了诸多历史时刻：北京申奥成功、人们自发来此为汶川大地震遇难同胞默哀、2019年10月1日共和国七十华诞……天安门广场的历史和传奇，即将翻开新的一页！

门票信息：免费　　开放时间：5:00~22:00
交通指南：乘地铁1号线至天安门东站出站

CHANGAN STREET

13 人民英雄纪念碑

当冉冉升起的国旗抵达旗杆顶端之时，清晨的第一缕阳光已经率先洒在庄严的人民英雄纪念碑上……

从建国门到复兴门：漫步长安街

人民英雄纪念碑总高 37.94 米，它是天安门广场最高的建筑，比国旗旗杆还要高出 5.34 米。观看完升旗仪式的人们，总会习惯性地转过身，对着晨光笼罩的人民英雄纪念碑行注目礼。

人民英雄纪念碑奠基在开国大典的前夜，按照中国的惯例，纪念碑石的正面应该朝南，但周总理建议，应该让更多从北侧进入广场的人民先看到纪念碑的正面。梁思成等建筑设计师采纳了这个提议，纪念碑就此直面长安街，成为广场上所有建筑的中心。它矗立在北京的中轴线上，北眺钟鼓楼，南望永定门，就像一座守护光明的灯塔与一枚定势的指针，凝视着旧的历史，守望着新的国家。

1949 年 9 月 23 日，和平门外琉璃厂的陈云亭镌碑处，迎来了几位特殊的客人，他们要刻一块百字的石碑，而且必须在 9 月 30 日前保质保量地刻好。作坊的主人陈志敬顶着压力承接下来，他隐隐感觉，这不是一单普通的生意。第二天，碑文被送来了，那是我们今天再熟悉不过的几段话。尽管镌刻的是纪念碑的奠基碑，但陈志敬却成了最先见到毛泽东起草碑文的人。陈家人日夜不停地刻了五天，终于顺利完工。在 30 日天安门广场的暮色中，陈志敬目睹了人民英雄纪念碑的奠基仪式。

于1958年暮春建成的人民英雄纪念碑在诞生之初，它的定性问题一直困扰着以彭真、梁思成、林徽因为核心的兴建委员会。它到底该是建筑，还是雕塑？专家学者们对此争论不休，最后大家总算统一了认识。梁林伉俪从北海的"琼岛春荫"碑和颐和园的"万寿山昆明湖"碑中汲取灵感，碑体弃扁就方，在外形设计上打破了传统碑体设计，整个纪念碑由台座、须弥座和碑身三部分构成。在毛主席撰写的"人民英雄永垂不朽"八个鎏金大字之上，是上有卷云下有重幔的庑殿式纪念碑顶。庑殿顶这一中国古建筑中最高等级的应用，确立了纪念碑的至高地位与深刻内涵——人民前仆后继的奋斗与牺牲，最是珍贵。在碑座四周，是10块汉白玉的壁画，它们生动地概括了中国人民一百多年来，特别是建党以来反帝反封建的伟大斗争。人民英雄纪念碑由此成为新中国建成的第一个大型建筑。

13 · 人民英雄纪念碑

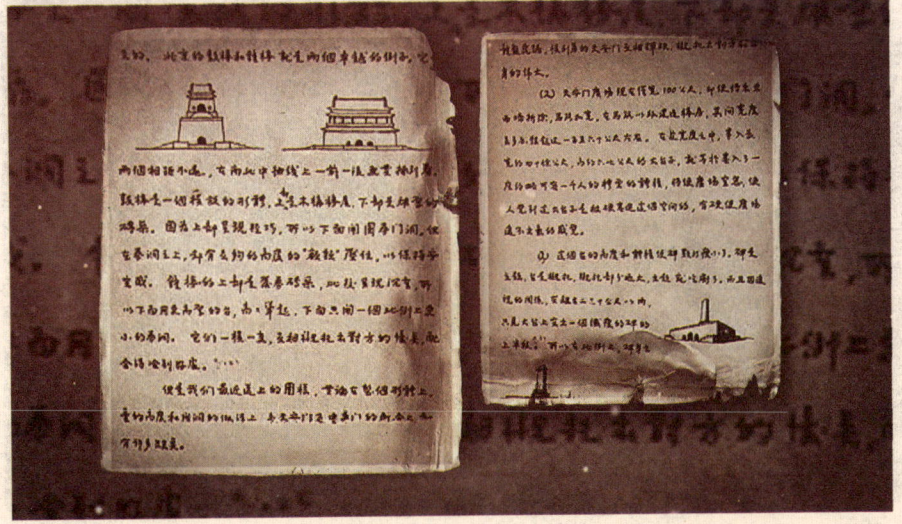

从建国门到复兴门：漫步长安街

宏伟的纪念碑体量巨大，它由17000块花岗石和汉白玉砌成，开采自青岛浮山的纪念碑碑心石是建碑中最主要的大石料，也是中国建筑史上极为罕见的完整花岗石。碑心石重达320吨以上，采运工作历时七个半月，从开采到运输共计7000名工人参与其中。碑心石运输专列一度以每天1公里的速度行进着，而从纪念碑奠基到最终落成，参与建设工作的人民群众就多达数万人，他们的心血与汗水，也都凝注进了这座人民的丰碑之中。

人民的共和国，诞生于人民英雄前仆后继的奋斗。纪念碑是英雄精神的汇聚，而新中国成立七十年来，这种精神依然在聚集。纪念碑不只是对过往的致敬，在不同时代里，那些所有为了国家与人民的付出和牺牲，都应该被仰视、被纪念。为了那些不能忘却的怀念，也为了英雄精神的代代传承，七十年来的每一天里，晨光、晚霞都会伴着五星红旗的飘扬，映亮纪念碑的碑身，那是对英雄精神的虔诚致敬与荣耀加持。

CHANGAN STREET

14 正阳门与零公里标志

在广场的正南方,矗立着明清内城的南城门——正阳门,它是威天下而昭礼、接纳万国来朝的"国门"。

从建国门到复兴门：漫步长安街

正阳门这座斗拱飞檐的威仪城楼，曾由城楼、箭楼与瓮城组成。作为内城九门之首，正阳门的"四门三桥五牌楼"突显着它的至高规格，内城九门分走九车，但只有九门之首的正阳门，才可以走"龙辇"。可惜这座大清帝国的国门，却在1900年被八国联军的炮火摧毁。腐朽的封建皇权抵挡不住侵略者的炮弹，侵略者的炮弹炸开了封建的皇城。城破山河败，无能的紫禁城主人仓皇出逃，虽然皇城已被损毁，但也唤醒了中华民族的爱国之心，百年的民族抗争历程与解放复兴之路就此开启。故步自封的皇城禁地最终成为开放包容的人民广场，白驹过隙的时光淌过，此刻从这里向北回望天安门广场，眼前的景色宛如一道浓墨重彩的壮美画卷，对照旧日那段屈辱的历史，心中只剩感慨。

1915年，对近代北京城市建设居功至伟的朱启钤主持了前门城垣的改造工程，他手持袁世凯特颁的银镐，刨下了第一块城砖。半年之后，新开拓的门洞与道路打通了北京东西长安街和两条南北交通线，正阳门箭楼被改造成为单体的建筑。如今，密布箭孔、造型独特的箭楼已经成为北京的城市象征。

从建国门到复兴门：漫步长安街

　　在箭楼的门洞下，是中国公路零起点的铜铸标志，它位于城市的中轴线上，东西南北对应着青龙、白虎、朱雀、玄武四方神兽，标志中的放射线从中心的车轮，沿着64个方位点辐射开来，寓意着中国公路网四通八达。

　　我们都知道在建筑业中往往需要设置地质坐标点来确定测绘的标准，而在首都中心设置公路零公里标志，在国外早有先例。比如美国白宫前广场与法国巴黎圣母院广场上的零公里标志，其目的就在于确立国家干线公路的起点和城市的中心点，同时也具有重要的人文价值。

飞速发展的中国公路网需要一个原点，天安门广场无疑就是设立这个标志的不二选择，它不仅从地理位置上圈定了这个国家的中心，更从精神上界定了这个民族视线的聚焦中心。

从建国门到复兴门：漫步长安街

雨燕

  一群雨燕鸣叫着盘旋在箭楼之上，同故宫里的御猫主子一样，这些珍稀的北京雨燕是正阳门特有的吉祥物。传说中的雨燕是无腿之鸟，一生都在飞翔，更为神奇的是，这群雨燕每年的迁徙路线，恰巧与古"丝绸之路"的路线相吻合。

北京雨燕不仅是城市生态符号,更是北京"燕文化"的载体与遗存。北京有着三千年的建城史,八百年的建都史,在古代叫"燕京",现在我们的北京文化也叫"燕文化",而这一个"燕"字,不仅存在于史册之中,更是历代北京人最亲切的记忆。北京雨燕,正是这样一种活的文化存在。

每年入夏,这群北京雨燕都会从公路零公里标志起飞,飞过天山,一路迁徙,跋涉1.6万公里,到达非洲大陆的最南端,来年春天,它们又会沿着相同的路线返回。它们像是天安门广场的信使,从这里带去北京与中国的信息,继而又带回世界的消息。年复一年,周而复始。

正阳门下的零公里标志,是一个终点,更是一个起点,新时代的复兴路标已在脚下开启……

开放时间:9:00~16:00
交通指南:乘地铁2号线至前门站出站

CHANGAN STREET

15 国家博物馆

一种精神需要被缅怀与继承,一段历史的创造印记同样需要被铭记。每一个国家,都会有国家博物馆,我们通过馆藏,会大致串接起国家的发展历史,但如果是参观中国国家博物馆,就非常考验人的意志与耐力,在宏伟的柱廊外观之内,双轴两区近20万平方米的庞大空间里,展现着一个古老民族五千年的发展创造史。

从建国门到复兴门：漫步长安街

沿着国家博物馆北门，走进这座世界单体建筑最大的博物馆，仿佛瞬间穿越了时空，置身于百万件珍贵馆藏所照亮的历史长河之中。中华民族创造出了博大精深的中华文化，更孕育出了世界上唯一没有断流的中华文明。

史诗的历程之中，有辉煌，也有过苦难，这是民族与国家的珍贵记忆。

后母戊鼎

后母戊鼎，又称司母戊鼎、司母戊大方鼎，是商后期（约公元前14世纪至公元前11世纪）铸品，它是中国国家博物馆的镇馆之宝，也是古代中国政权的象征。

后母戊鼎高133厘米、口长110厘米、口宽79厘米，重832.84千克。后母戊鼎器身与四足为整体铸造，鼎耳则是在鼎身铸成之后再装范浇铸而成，铸造此鼎，所需金属原料超过1000千克。它形制巨大、雄伟庄严、工艺精巧，鼎身四周铸有精巧的盘龙纹和饕餮纹，增加了鼎本身的威武凝重之感。饕餮是传说中喜欢吃各种食物的神兽，把它铸在青铜器上，表示吉祥、丰年足食之意。

后母戊鼎是已知中国古代最重的青铜器，它的铸造，充分说明商代后期的青铜铸造不仅规模宏大，而且组织严密、分工细致，足以代表高度发达的商代青铜文化。

2002年1月18日，后母戊鼎被国家文物局作为国家一级文物列入《首批禁止出境展览文物目录》。

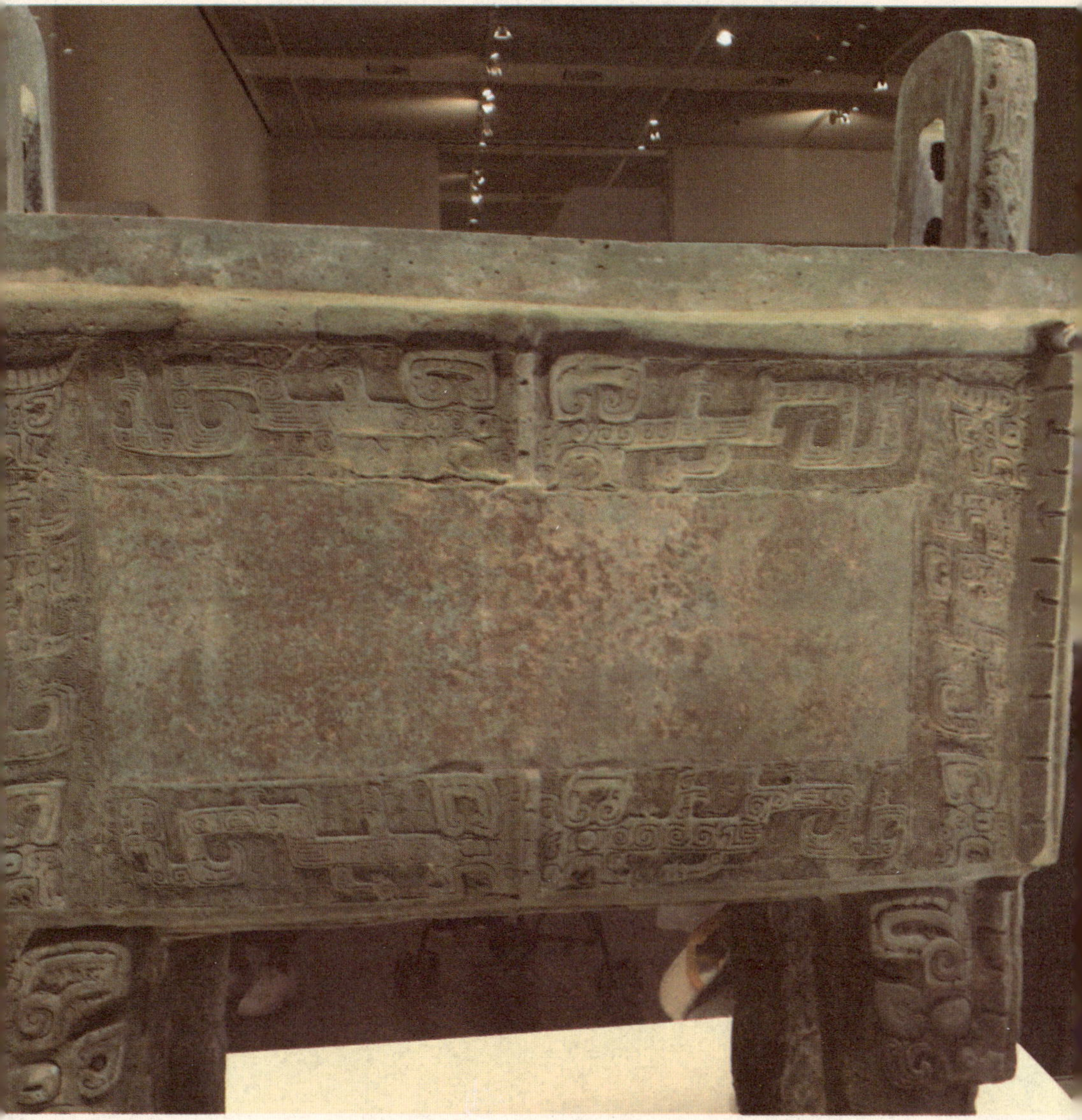

从建国门到复兴门：漫步长安街

复兴之路

　　2012年11月29日，"复兴之路"展览在国家博物馆南区开幕。从那一天起，这里就成为人们了解近现代中华民族奋斗历史、振奋中华民族复兴精神的教育基地。两层的展厅内，一幅跌宕起伏、波澜壮阔的近现代历史长卷，在我们面前徐徐展开：1840年，西方列强的坚船利炮轰开了大清帝国故步自封的国门，自此国运衰微、战乱四起，百姓流离失所……709个不平等条约像一块块耻辱的巨石，压在每一个国人的心头。统治者的腐朽懦弱与强盗们的欺压凌辱，最终唤醒了沉睡着的中华民族，无数仁人志士在百年激荡中选择了舍生取义，一条血肉铺就的民族复兴之路，正伴随着希望，日渐清晰。

　　洋务运动、戊戌变法、辛亥革命、中国共产党成立、八年抗战、开国大典、改革开放、一带一路……历史的长河大浪逐沙，历史的选择更是民意的选择，中华民族的复兴之路，正在中国共产党的引领下，全面提速。

从建国门到复兴门：漫步长安街

　　2011年开放的国家博物馆新馆，由原革命博物馆与历史博物馆合并扩建而成，这似乎印证着一个真理：创造国家历史的，一定是这个国家的人民。

　　走出国家博物馆，沿着石阶向南，联想起当年竖立在这里的几块倒计时牌：香港回归、澳门回归、北京奥运会、上海世博会，倒计时牌，是汇聚共同祈盼的时间之尺，每一次盛事的倒计时，都会带来一次华夏儿女的振奋与狂欢。历史不仅仅记录着过去，更预示着未来，而未来也总会在历经创造和奋斗之后，如愿到来。

15·国家博物馆

门票信息：须凭有效证件免费领取
开放时间：9：00~17：00，周一闭馆（节假日除外）
交通指南：乘地铁1号线至天安门东站C口或D口出站

CHANGAN STREET

16 人民大会堂

人民大会堂是天安门广场西侧的又一片宏伟建筑，它是全国人民代表大会常务委员会的办公场所，也是党和国家举行政治活动的重要场所。这里是人民当家做主、参政议政的国家最高殿堂。它的建筑外观气场强大，柱廊顶端，国徽高悬，漫步在石阶之上，你会感到一种神圣的力量。

从建国门到复兴门：漫步长安街

我们总会对先人的创造力赞叹不已,当我们面对气场强大的人民大会堂时,这份赞叹会不觉到达极致。六十年前的那个秋冬春夏,注定成为新中国建筑奇迹的诞生之年。

人民大会堂在"十大建筑"中最早立项,但却是确定方案最晚的。众多的设计稿件从各地雪片般飞来,全国各方新老专家组成的大协作团队八易其稿,才最终敲定了总建筑面积大于故宫的设计蓝图。而正是基于人民大会堂确定的位置,东西宽500米、南北长880米的天安门广场才围拢成型。

大会堂的建设工作是一面镜子,折射出的是这个国家一派欣欣向荣的景象,是一股向上的士气,这是其他所有国家不具备的能量。同时期的纽约联合国总部大厦建造了七年,日内瓦万国宫建造了八年,悉尼歌剧院则用了整整十四年才完成建设。

人民大会堂于1958年10月破土动工,到1959年9月全部建成。面积之庞大、功能之复杂、设备之众多、体量之厚重、建造之神速在世界建筑史上都堪称奇迹。人民大会堂坐西朝东,南北长336米,东西宽206米,高46.5米,占地面积15万平方米,建筑面积17.18万平方米,比故宫的全部建筑面积还要大。

从建国门到复兴门：漫步长安街

作为国庆十周年献礼的重大工程，人民大会堂位列"十大建筑"之首，不到一年的时间，气势恢宏的大会堂就拔地而起，这样的速度即便在今天看来都是那么不可思议。

对于每个中国人来说，人民大会堂更像是一种象征，一座精神上向往的圣殿。仰望大会堂顶庄严的国徽，我们难免有这样的疑问产生，在新中国刚刚建立，一切百废待兴且物资匮乏的年代，到底是怎样的历程，才会产生出如此惊人的速度与效率？而当我们回眸那段燃情岁月，你会知道答案，大会堂的建成，不仅是一个建筑奇迹，更是国家与人民的奇迹。

人民大会堂的设计与建造过程，是一次举国合力的大会战，特别是新中国的青年群体在施工中发挥了巨大作用，其中涌现出众多的敢想敢干的青年突击队，他们中的很多人最后都成了共和国建设的中流砥柱。除此之外，奇迹的创造还要依靠无数的能工巧匠和数以万计的普通人民的大协作。全国人民都到北京来义务劳动，当时北京政府机关的干部，早上都要来人民大会堂工地参加义务劳动。自愿来的人很多，据统计，先后有30万人次参加了大会堂建设的义务劳动。正是这样上下一心的团结与勇于拼搏的干劲，才让大会堂在短短一年的时

16・人民大会堂

从建国门到复兴门：漫步长安街

间里拔地而起，惊艳世界。人民大会堂的建设历程，就是中华民族性格的真实写照，折射出了共和国的欣欣向荣，它更是一种民族团结聚力的象征，大会堂每一块堆砌的砖石之中，都蕴藏着一颗滚烫的心，人民大会堂的名字，实至名归。

走进人民大会堂，会使你突然地肃敬下来，好像一滴水投进了海洋，你会感受到个体是如此渺小，海洋是如此壮阔。

大会堂的内部空间众多，除了国家接待厅与金色大厅等之外，还有34个地方会议厅，它们的内部装饰都展现着地方的文化特色，也体现着祖国幅员辽阔、民族众多的特点。

最大的万人大礼堂是全国人民的焦点，它的空间大

16·人民大会堂

到可以把整个天安门城楼都装进去,更神奇的是这么大的空间里没有一根柱子,无论从哪个方向都能没有遮挡地看清主席台。但是超大的空间也带来了相应的问题,比如如何消除空间带给人的压抑感与渺小感,成了建筑设计师的难题。周总理巧妙引用了《滕王阁序》中的一句古辞"秋水共长天一色",建议将古人的意境融于空间之中,这极大激发了设计师们的创作灵感,问题迎刃而解,大会堂设计中的最大难题,竟在古辞中找到了答案。为了体现"水天一色"的设计感,大礼堂的穹顶设计了圈水波形的暗灯槽,与周围装贴的淡青色塑料板相呼应,灯亮之时,波光盈盈。现在当我们坐在观众席内,抬头便可看见由 500 个灯孔构成的"夜空繁星",仿佛置身于浩瀚夜空,穹隆形的顶部与墙壁圆曲相接、浑然一体,让人丝毫不会感觉压抑和沉重。

在大礼堂巨大的穹顶上,还藏着许多我们看不清的"小

星星"——那是几百万个小小的吸声孔,有了它们,大礼堂的屋顶整个变成了一块巨大的吸音板,主席台上发出的多余音波被吸走,不但没有回声还能留点混响,这让坐在每个角落的人都能清晰准确地听到发言人的声音。

每年的春天,全国乃至世界的目光都会聚焦在人民大会堂,共同关注全国人民代表大会与中国人民政治协商会议的举行。这两个会议被国人亲切地称为"两会",届时,来自全国各民族、各行业的精英都会迎着初升的朝阳,齐聚在大会堂。无数关乎国计民生的重大战略都将在这里被商讨与发布,而全国14亿人民的心声,也都被汇集于此。这是一道中国特色的亮丽风景,这道风景中有责任、团结、期盼,更有希望。

纵览中华民族五千年的文明史,没有哪一个时代可以迸发出如此强大的凝聚力与创造力。

16・人民大会堂

CHANGAN STREET

17　新华门

北京音乐厅与长安街交叉的十字路口北侧,中南海的红墙一路纵深……昔日的皇家宫苑,已成为中华人民共和国中央人民政府的所在地。

从建国门到复兴门：漫步长安街

南海宫苑在民国时期成了总统府，总统府由当时的民国内务总理、建筑学家朱启钤负责整体设计建造。他在皇城与中南海的大内禁地之中，开辟出了现在的这条交通干道——府右街，同时还包括总统府对面的府前街与新华街，而他最重要的设计，就是在南海宫苑的正南红墙上，开辟出了总统府的大门。那时的中华大地军阀混战，百姓颠沛流离，但大清的气数已尽，人们仿佛在迷雾中看到了一个新中华正朝着自己走来。这座被命名为新华门的建筑，也寄托着一个民族对自强复兴的深切期望。

新华门——如今的这里，是中华人民共和国中央人民政府的所在地。

作为新中国中央人民政府的所在地，印象中的新华门是庄严肃穆的。七十年的岁月中，新中国的发展变化可以用翻天覆地来形容，但这里的变化却微乎其微，如同一幅静止的画卷。青砖、碧瓦、绿树、红墙，是北京的颜色，也是古都的气场与性格，浓烈分明，古朴凝重。高耸的红墙从天安门一路绵延至此，它的背后是昔日的皇家宫苑，南海太液池水的鳞纹与瀛台仙岛上的旖旎风光，尽藏于这面红墙之后。红墙中那扇面向长安街开放的大门，三百多年以前叫作宝月楼，彼时的乾隆帝曾陪着他心爱的香妃，在此凭栏眺望。

从建国门到复兴门：漫步长安街

　　新华门左右两侧的数十株白玉兰树，是京城一道亮丽的时令风景，红墙掩映下的白玉兰花，为庄严的新华门增添了大气之美。玉兰树又叫望春树，每当这里的玉兰花绽放之际，穿行于长安街的人们就会知道——春天来了。

　　每个人都会对新华门前的石狮、影壁、礼兵，包括雕梁画栋的明楼印象深刻，特别是正门青瓦影壁上"为人民服务"的金箔大字，这是党的根本宗旨，它让每一个人过目难忘。

匾额

新华门这块金字匾额的撰写者,是一位传奇人物,他曾是晚清的进士与钦点翰林,也是京师高等实业学堂的校长与民国辅仁大学的美术系教授,他的名字叫袁励准。袁励准擅长诗文,嗜好书画,精于收藏鉴定,是难得的艺术全才。民国初年,他受聘撰写新华门的匾额,因此留下了这三个雄劲有力的馆阁体楷书墨宝。他的一生亲历着时代巨变,遥想当年下笔的那一刻,这位光绪与溥仪两帝的老师,心中一定也激荡着关于国家与民族的变革之心。

七十年时光流转中的长安街畔,新华门是唯一不变的风景,它面向着长安街,面向着每一个共和国公民敞开着,而中华民族的伟大复兴之路,正是伴随着新华门的开启,拉开了序幕。

CHANGAN STREET

18　国家大剧院

每一个古老城市的清晨都独具韵味。早起的人们与他们的城市在晨光中一同闪亮，人声、汽车声交汇于一处，盖过了鸟鸣，长安街苏醒了，北京苏醒了。人民大会堂西侧的文化广场上，有人在晨练，有人在歌唱，在他们身后，有一座晶莹别透的琉璃岛屿……

从建国门到复兴门：漫步长安街

新华门红墙的对面，银色的国家大剧院悬浮在波光粼粼的人工湖面上，像一座晶莹剔透的未来岛屿，这里既是国家最高水准的文化艺术殿堂，也是长安街上最醒目的现代艺术建筑。2007年竣工的国家大剧院，最终落成的时间比1958年立项之时晚了整整五十年，但也因此造就了一个超现代主义的建筑奇迹——它拥有世界上最大的穹顶，东西长轴跨度达212.2米，内设歌剧院、音乐厅、戏剧场以及艺术展厅。同时它也是北京最深的公共建筑，隐藏在人工湖下的内部空间超过十层楼高，穿透了北京永定河的古河道。

国家大剧院的建筑设计超越了一个时代的审美，印证着时代发展的力量。

若说剧院是一座城市的精神城堡，那文化艺术则是这座城堡的灵魂。五千年的文明史，就如同大剧院的地基一样，已深深植入这片土壤，一个伟大民族的文化自信，在这里得到最好的、最权威的解读。

文化的繁荣不只是复制遗产，它也关乎创造与教育培养，更关乎交流。如今，建成已十余年、吸引观众近2000万人的国家大剧院，已经成为诠释民族文化魅力的中国之窗。

艺术正在改变着生活，也在装点着这个时代。白天的大剧院，是广场西隅的"湖中明珠"，每当日光西斜，傍晚的长安街华灯初绽，大剧院开始变得幻彩斑斓，四面八方的人群汇入其中，等待他们的是一幕幕好戏。沉静与灵动，凝聚在这座蛋壳般的建筑之中，这里蕴含着对世间美好的所有狂想……

门票信息：成人票40元/人，半价票20元/人
开放时间：09:00~17:00，周一闭馆（节假日除外）
交通指南：乘地铁1号线天安门西站C口出站

18・国家大剧院

CHANGAN STREET

19 电报大楼

耳畔传来电报大楼的钟声，循着钟声一路漫步……

提到记忆里的时代之声，你会想起什么？是交织成一片的自行车铃声，还是此起彼伏的叫卖吆喝声，抑或是即时通信软件的刷新声……但每当有一种声音响起的时候，它带来的不是嘈杂，却是瞬间凝神的静谧，声音里的每一个音符，都像是荡开在水面上的波纹，泛着光的熟悉旋律，余音回响……这就是电报大楼的报时钟声。

从建国门到复兴门：漫步长安街

我们对西长安街 11 号的这座电报大楼再熟悉不过，山字形的建筑之上，是直径 5 米的巨大的四面塔钟。我们都记得《东方红》的报时旋律，而最初的报时音乐除了《东方红》外，还有一首是《赞美新中国》。每当准点报时的音乐声响起，方圆 2.5 公里内清晰可闻。在 20 世纪六七十年代，电报大楼的钟声是这个城市工作与生活的基准，从清晨 7 时到入夜 10 时，相伴的钟声已经成为一种督促、提醒与呵护。当年电报大楼的报时，还曾得到周恩来总理的极大关心，从表盘的设计到演奏乐曲的版本确定，甚至是日常的对时，总理都亲自过问。因为他知道，电报大楼传出的不仅是城市之声，更是共和国之声。

从建国门到复兴门：漫步长安街

20世纪60年代，塔钟的钟面被改为白色，指针则改成了人们崇尚的红色。70年代，塔钟再次更新改造，表盘仍保持白色不变，指针和刻度则被改成了邮电的标志色。当时只有时针和分针，北京奥运会前夕，塔钟又增设了红色的秒针，从此便"动"起来了，这似乎预示着一个分秒必争的时代即将到来。

电报大楼是新中国电报通信的总枢纽，从1958年国庆投入使用之后，始终彻夜通明。每一封从全国各地发出的电报，都要镌刻上"01"的编号，经由电报大楼中转才能传到收报人手中。电报大楼同1976年建成的长话大楼一起，构成了新中国通信领域的双子星。如今身处信息爆炸时代的我们，用一部手机就可以实现与世界的联通，而在20世纪六七十年代，发电报和打长途都是奢侈的事情。虽然发电报的单价相对便宜些，一个字7分钱，但是即便电文再短，加上地址、姓名等信息也要20字左右，这对

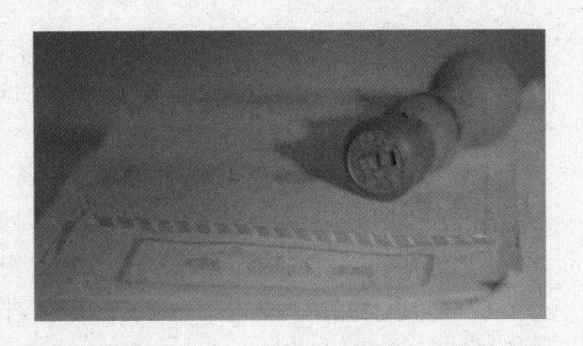

于当时的老百姓来说，绝对算是一笔高消费了，可这依然挡不住蜂拥排队的人群。

电报与长途电话，是那个年代人们沟通交流的重要纽带，上至国家重大新闻的发布，下至工作沟通、日常事务处理、情感传递、婚丧嫁娶等，都离不开这两座信息中转的枢纽，发报声与转接线声曾经响彻两栋大楼的营业厅。

发一封电报最快也要几分钟的时间，报务员常常手眼不离发报机，一坐就是6个小时。为了保证效率，熟记汉字电报码是报务员的基本功。虽然电报码的设定是从0001按照《康熙字典》的汉字顺序依次分配代码，但是完全没有规律，报务员上岗前要掌握3000个常用汉字发报码才能通过考核，每打一个汉字需要敲击20次发报键。很多报务员之所以后来转岗选择做打字员，是因为打字员的工作可比报务员的工作简单多了。

从建国门到复兴门：漫步长安街

电报与长途电话，维系着人们的日常沟通，但每逢遭遇重大事件，往往伴随着瞬间激增的巨大业务量，因此它们的及时通畅就会变成人命关天的大事。20世纪60年代，为了61名阶级兄弟的生命安危，地方政府连夜向中央卫生部拨打特急电话寻求帮助，再由中央立即进行统一调度，此时的长途电话搭成了一条抢救生命的快速通道。如果没有长途电话，没有北京长途台，救命的药品根本无法及时送达，长途电话无疑成了那次救援行动的幕后英雄。1978年的唐山大地震发生之后，焦急的人们涌向了电报大楼，仅仅两三天的时间，发往唐山的电报数量就猛增到上万封。为了确保电报能及时送达，北京的众多报务员穿梭于地震棚中，仔细寻找着每一封电报的主人，而这样的寻找，持续了好几个月。

从20世纪20年代上海红色无线电台的建立至今，中国电信已经走过了近一个世纪的时光，而新中国成立后的七十年，更是电信行业与时代赛跑的七十年。从电报到电话，再到传呼机、手机等移动通信方式，人们的沟通交流越发紧密与便捷，每一次介质的转换与技术的进步，都像是打破了一次时空的界线。特别是十多年来互联网的全面崛起，通信技术实现了跨越式的发展，移动互联网更是全面开启了人机智能的时代。当年的"楼上楼下，电灯电话"犹闻在耳，今天的我们已经开始憧憬即将到来的5G时代，电信

19・电报大楼

从建国门到复兴门：漫步长安街

行业正以目不暇接的速度发展和迭代着，它从一个侧面诠释着国家的实力与崛起，几十年积淀所形成的发展加速度，正在创造一种中国独有的领先优势。过去那些不同年代的老设备、老产品虽然已经被淘汰，但也因为它们饱含情感与记忆而显得弥足珍贵，它们已经成为见证国家发展巨变的时代信物。

2017年6月15日，电报大楼正式停业，它的停业标志着中国电报时代的最终落幕，它的停业也引发了众多媒体、相关从业者与百姓的唏嘘感慨。从鼎盛时期的月均300万份电报，到现在的无人问津，这是时代与技术发展的必然结果。如今电报大楼虽已停业，但它在这一个甲子的时光里所迸发出的温暖和诗意，使它在今天依然是西长安街上的标志。在所有人的心中，电报大楼的建筑造型与报时的钟声，已经成为不可替代的经典。而与之相比，矗立在电报大楼一侧的中国工业和信息化部越发引人瞩目，这里是国家践行新千年工业信息化革命的重要部门。更迭交替之间，一个电信新时代就这样扑面而来。

最后一个电报窗口

在长话大楼营业厅的角落里,是最后一个电报业务的窗口,它标出的发报价格依然同20世纪80年代相同,尽管发电报沟通的方式完全无法与手机的便捷相比,但在这里发一封给远方亲友的电报,似乎有着特别的情感与意义。不管通信技术怎样地发展变化,交流的坦诚与初心不应被改变,那些温暖和诗意,亦该被珍存。

CHANGAN STREET

20 西单

西单路口东到了，请您下车……

从建国门到复兴门：漫步长安街

"瞻云就日，得近天子"，两座醒目的牌楼成就了长安街东西两厢各具特色的商业繁荣，西单同东单一样，都因一座牌楼而得名。西单是西单北大街沿线区域的泛称，南起西绒线胡同，北至灵境胡同，全长1600米。西单的商业发展历史可追溯到明代，作为商旅货物运输的必经之地和六部衙署采办的频繁光顾之地，西单的商业氛围渐渐汇聚形成，继而成为全市范围的商业中心，再加上众多老字号与演艺名家的进驻，更为这里增添了浓郁的人文魅力。

如今站在西单路口，抬望满眼鳞次栉比的现代商业建筑，你可能不会知道，新中国成立之初的这里，曾是西长安街的终点。

从建国门到复兴门：漫步长安街

昔日的西单还只是一个丁字路口，从这里向西望去，根本看不到复兴门，那时的西单只有南北两条窄巷。1957年的长安街拓宽工程，实现了西单路口到复兴门外大街之间道路的贯通。次年，东单至建国门的道路拓展工程也宣告完工。从建国门到复兴门的十里长街，这才第一次出现在世人眼前。

20世纪80年代的北京有四大商圈：王府井、前门、隆福寺、西单。王府井与前门大栅栏是观光客们的购物天堂，对于北京市民而言，西单才会让他们更感亲切，因为这里同民生、同时代，似乎连接得更为紧密。

西单是一种情结，这里的商业氛围，最有人情的味道。

过街天桥
1982年北京首座过街天桥建成通行
位于西单商场门前

从20世纪30年代开始,这里先后建起了福德、益德、惠德、厚德等六座商场,售卖的商品琳琅满目,业态囊括了零售、餐饮与娱乐休闲。1956年,西单私营摊点全部实行公私合营,六座商场合并,形成了西单百货商场。可以说,西单商场是这里最老牌的商业卖场。90年代西单商场扩建后,营业面积达到了2.7万平方米,一度成为北京最大的百货商场。除了规模的发展之外,商场更看重人情的味道,并在人情味中融入爱国、创新、包容、厚德的城市精神。即便在市场快速发展、同业竞争激烈的今天,西单商场也仍然依靠务实与人性化的服务独领风骚,就如同他们那句质朴的经营理念所言——打造百姓心中的金匾。而事实上,这块金匾确实就在百姓心中。

在西单商场的五层,有一座西单商业文化博物馆,300多平方米的展厅中,记录和展示着这块商业热土上的百年传奇。这座博物馆像是西单商业区的权威索引,你会梳理出这里的世纪沿革,寻觅到这里浓郁的人文肌理,你还会发现这里百年不衰的商业奥秘……

西单路口东北侧的文化广场,是长安街上唯一的大型绿地广场,而如果将时光倒回到三十年前,这里可是全北京最时尚的潮流圣地,特别特市场、西单劝业场、百花市场与民族大世界,它们在当时全国闻名。发展与需求带来了商机,这些市场中诞生了北京第一批练摊的个体户与万元户。略显简陋的市场里,新潮的服饰百货让人目不暇接,在市场经济的初始年代,这里犹如开启了一个全新世界的大门。

西单的商业格局随时代发展不断调整着、演进着,而文化广场的落成,则让西单商圈的商业环境与人文底蕴,得到了极大的提升。

鹤年堂
创办于1405年
是北京最老的老字号之一 至今616年
1935年在西单开设分店

　　进入新千年，人们的审美在不断提升，眼界也在不断放宽，随之而来的是商业娱乐消费的全面升级。西单的商业热度如今依然有增无减，一批新商业场所相继亮相，它们有着独特和舒适的空间环境、琳琅满目的国际知名品牌、潮流新奇的餐饮娱乐门店，这些商业场所在开业之初就迅速成为80后与90后这批时尚人群休闲购物的首选之地。

　　城市的商业地标，应该是人们的精神乐园。看着熙熙攘攘的人群，我们会感慨西单的神奇，每一代人似乎都能在这里找到属于自己的偏好与特别记忆——60后崇拜那些练摊儿的万元户；70后醉心于劝业场时尚的服饰和喇叭裤；80后在华威和西单明珠里淘换着时尚与新奇；90后则忙着在君太百货、老佛爷中挑大牌，在大悦城中约会……深深植根于城市与人们心中的西单，有一种面

从建国门到复兴门：漫步长安街

对时代的坦然与鳌头弄潮的豪气。从 20 世纪初的游商云集到新中国成立后的国营情结,从市场经济的探路先锋到现在新商业模式的呈现,百年商业人文氛围的积淀,让这里诞生出太多的商业传奇,也呵护与滋养着一代又一代寻常百姓的生活,这里浓郁的人情味儿,从未减淡。

文化广场上复建的瞻云牌楼,是西单百年来诚信立街的写照,也是新时代西单商业复兴的标志,它固然已不是旧时的遗存,但在时代的进程之中,总会有更好的东西被创造与呈现出来。

在西单,我们经历着变化,更感受着发展,变化的只会是"形",内里传承的"神"不会变,也不该被改变。

交通指南:乘地铁 1 号线或地铁 4 号线至西单站出站

CHANGAN STREET

21 民族文化宫

离开繁华的西单商业区，我们看到了民族文化宫这扇华丽的大门，镂空花板上金色的花朵纹样，配上敦煌石窟特有的卷草纹，将团结与进步的字样烘托得醒目庄重。长安街是中华民族的复兴之路，而民族的团结与和谐发展，就是这条道路永恒的基石。

从建国门到复兴门：漫步长安街

21·民族文化宫

"宫"在词典中的释义之一为皇宫、祖庙、神庙，而宫殿代表着封建皇权。新中国成立之初，刚刚摆脱压迫的人民，视帝制的遗存形如水火，但民族文化宫这座新中国成立之后的"第一宫"，又是怎样诞生的呢？

开国大典的帷幕刚刚落下，新的中国百废待兴，深谋远虑的毛泽东主席深知，中国是多民族的国家，民族的和谐团结是头等大事。他讲道："新中国成立之后，要在北京给少数民族建一座宫，它既是民族大团结的象征，也可以作为民族同胞的活动中心。"

民族文化宫，是中国五千年来第一座为各族人民修建的宫殿。

独具民族风情的民族文化宫在十大建筑中开工最晚，但施工速度最快，高67米的白色主楼造型别致，东西翼楼环抱两侧，重檐孔雀蓝琉璃瓦顶在蓝天白云的映衬下格外亮眼。民族文化宫的建设又是一次全国各地区各民族的总动员。白色釉砖产自沈阳，琉璃瓦出自宜兴，从上海最好的家具厂采购家具，地基则由北京各族同胞合力挖掘。而文化宫最为人称道的内外建筑装饰，更是出自众多工艺美术大家之手。比如正门两侧美轮美奂的镂空花板，金色的花朵纹样配上敦煌石窟特有的卷草纹，绮丽而富有民族色彩，将团结与进步的字样烘托得醒目庄重。它的设计者，是我国的工美设计大师常沙娜，你或许不熟悉她的名字，

从建国门到复兴门：漫步长安街

　　但你一定熟悉她的作品，比如团徽，比如人民大会堂、首都机场与中国大饭店等重点工程的装饰设计。中央大厅里，4块精美的汉白玉大浮雕令人惊叹，其中的每个人物都代表着一个民族，大小同真人相仿，工艺水准之高，堪称新中国雕塑史上的巅峰之作。

　　民族文化宫由展览馆、博物馆、图书馆、大剧院与民族画苑组成，很多人熟悉它的建筑，却并不知道它里边的样子，自然也不会见到那些珍贵的藏品，因此也不会知道这是一座低调的民族文化艺术宝库。

　　中华人民共和国成立初期，党中央确立了民族平等、民族团结、民族区域自治、各民族共同繁荣的基本原则和基本政策，为民族团结进步事业奠定了坚实基础，赢得了各族人民的衷心拥护。随着各族人民社会政治地位的根本变化和中国共产党民族平等团结政策的日益深入人心，各少数民族人民对党、对共和国和人民领袖的无限热爱之情被极大地激发了出来。在欢迎党中央、毛主席派来的"中央访问团"时，在应邀去首都出席国庆观礼和到内地参观访问时，在民族识别工作开展过程中，在民族区域自治政权建立和代表们参政议政时，各少数民族人民向中央人民政府和中央领导人敬献了大量锦旗和独具民族特色的生活用品、工艺美术品等礼品。这些珍贵的礼品，是新中国成立初期民族工作成就的珍贵历史见证，是民族团结一心的象征，也是各少数民族人民献给共产党、献给共和国最深情的颂歌。这些礼物代表着最高的民族礼节，它们是关于忠诚与团结的信物，它们将被永世珍藏。

"各族人民心向党"展览

在文化宫二层,有一个有着红色大门的展厅,里面陈列着新中国成立初期全国少数民族敬献给中央人民政府的珍贵礼物,透过这些实物,我们可以清晰地感受到当时全国各族人民对党、对新中国的真情实感。例如其中有一件工艺精美的傣族金伞,象征着傣族领主的至高权力,1950年国庆,来自西双版纳的末代傣王刀世勋亲自将它敬献给了毛主席。

"贰角人民币上的少女"故事

1979年,100多名各民族青年经过严格的选拔和培训来到了民族文化宫,负责少数民族展览的讲解工作,他们展示着本民族的形象,也肩负着宣传本民族文化的重任。

当年的朝鲜族姑娘苏春熙是幸运儿之一,你也许会对这个名字感到陌生,但她的形象却无人不知。在1980年发行的贰角人民币上,有两位少数民族姑娘的形象,右边的原型就是苏春熙。

1979年,苏春熙中学毕业,正好赶上国家民委举办民族展,讲解员要在全国五十六个民族中选拔,每个民族选两个人,一共100多人。苏春熙代表吉林馆,面试的考核主要让她分别读朝鲜语和汉语的报纸,目的是看她的语言表达能力。其实小学三年级之前苏春熙是不会说汉语的,之后才学会的汉语。也正因如此，她顺利通过面试后，在当年9月就来到民族文化宫参与筹备展览了。

当时民族文化宫从一层到六七层都是展览。苏春熙就在一层东北三省的吉林馆，领导来了，最先能看到她。

1980年，苏春熙被告知，因为新版人民币要出，所以中国人民银行要到民族文化宫来拍照，需要她们穿本民族的服装配合拍摄。摄影师扛着当时体积较大的相机拍了一下午，苏春熙只把这次拍照当成了一个工作任务，并没有想过会不会印在人民币上，直到两三年以后，她才知道她被选上了，但当时她已经回延边了，也没跟其他人讲过此事。直到三十多年后，2014年，她们那届讲解员在民族文化宫重聚，贰角人民币上姑娘的身份才被揭晓。

不同服饰、不同民族的形象出现在国家货币上，诠释着民族的团结与人民的当家做主，而这次机会的降临，也似乎对苏春熙有着别样的意义，她的青春就此被时光定格。

从建国门到复兴门：漫步长安街

图书馆

　　民族文化宫的图书馆，堪称一座低调的民族历史文化宝库。老式柜子里，存放的是几十年来借书人的借书卡，泛黄的纸卡与有些模糊的字迹折射出流逝的岁月。时光总是深邃厚重的，一如图书馆中那些珍贵的馆藏书籍。馆中现存珍贵的古籍文献60余万册，其中民族文字古籍17余万册，汉文古籍中大量收藏了地方志、史志、民族史志、年谱、传记等，特藏文献中有不少罕见的写本、刻本与金石拓片，更有年代久远的稀世真品贝叶写本与菩提叶写本等。斑驳泛黄的每一本书，都是一段可歌可泣的民族史诗，其中的研究价值远超金玉，无法估量。遥想当年的异域孤灯之下，正是有了撰书抄经人的殚精竭虑，将一段段民族历史或传渡教义，化作唏嘘如歌的笔下史诗，才有了如今这些被历史风沙浸染斑驳的文化遗存，它们都静静地置放在书架上，供人翻阅。现在的图书馆，古籍收集与翻译保护工作依然在持续着，五千年积淀下的中华民族文明，正在融入新时代的创造历程，对民族历史文化的记录与认知，关乎传承，它们是中华民族文化自信的时间之书与灿烂源头，价值远超金玉。

中国丝绸之路非物质文化遗产展

诗人艾青曾写下这样的诗句:"蚕吐丝的时候,没想到会吐出一条丝绸之路。"公元前2世纪,极富远见的汉武帝派遣冒险家张骞出使西域,用了二十八年的时间(公元前139年至公元前111年),以丝绸为媒,开辟出一条跨越四大文明的丝绸之路。从商贸交通运输到文化交流通道,丝绸之路的发展发生了质的变化,沿途多民族、多宗教的文化交融,孕育出了灿烂的非遗技艺。"中国丝绸之路非物质文化遗产展"展厅收藏的非遗工艺珍品,来自丝绸之路沿线13个省市区的21个民族,展品品类丰富,年代跨度极大,每一件展品都饱含着民族交融的审美印记,它们的精美绝伦,共同照亮了当年的丝绸之路。古丝绸之路的伟大,在于希望的诞生与梦想的实现,强盛的汉唐是中华文明的巅峰时代,开拓一条民族和谐共荣之路,源自先人前瞻的远见。其中这些经由当年文化交融所创造出来的民族瑰宝,无疑是一次证明、一份激励与一种鞭策。而今天的"一带一路",则展现着中华民族的发展思维与胸怀视野。

"一带一路"是盛世之思,同时更彰显着国家的魄力与担当,与民族文化宫隔街相望的国家开发银行,作为世界最大的政策性与开发性金融机构,正在为"一带一路"的深化推进提供强力的支持,这体现着一个东方大国的诚意、担当与信心。

民族文化宫顶层的瞭望亭是整个民族文化宫的最高处，这里同北海的白塔高度相同。在瞭望亭琉璃瓦下的垂脊上，我们可以新奇地发现一排和平鸽造型的脊兽，这在国内应该绝无仅有。其实建造民族文化宫的一砖一瓦都是精心设计，并有着深深寓意的。

从瞭望亭一边俯瞰首都的城市全貌，一边平复着不断被惊艳的双眼与被震撼的内心，不觉对"文化自信，才能真正实现中华民族的伟大复兴。"这句话有了更加深刻的认识。

民族文化宫西侧，是同期建成的民族饭店，而民族饭店在建设之初的另一个名字，也与长安街有关，叫长安饭店。民族美食与基于民族习惯的定制服务成了民族饭店的最大特色，这里的菜肴水准极高，但价格亲民，吸引着众多百姓的到来。

民族饭店曾是北京重要的外事接待酒店，众多的国外领导人与国际友人选择在此下榻，并与民族饭店结下了不解之缘，其中一位日本老人与饭店的世纪之约最令人动容。

日本山梨县的神宫寺敬先生从 20 世纪 50 年代初即致力于日中友好，并在一次访问中国时被民族饭店的悉心服务感动。自此，每年秋季的国庆前夕，他都会带着妻子来到这里为她庆祝生日，同时祈愿日中友好，这个习惯已经持续了五十多年。2019 年，这位已满一百岁的老人，依然如约在中华人民共和国成立七十周年国庆之际，来到了北京，来到了这座他无比熟悉的民族饭店。

21・民族文化宫

民族文化宫与民族饭店是长安街上的一大建筑群落，自建成后的这些年中，这座宫殿奏出的民族团结与和谐的乐章，从未间断。

开放时间：9:00~16:00
交通指南：乘地铁1号线或4号线至西单站出站，向西步行200米

CHANGAN STREET

22 金融街

看着西长安街畔高耸的现代建筑群落，曾经飘忽的思绪在此刻蜕变成了思考：国家的崛起与民族复兴需要共同的信仰，团结的人民与奋斗的精神，当然也离不开经济的发展。金融是经济的核心，金融创新和金融力量对国家发展的意义极其重要，而在民族文化宫西侧这片不大的土地上，正蕴藏着中国最强劲的金融创新动能，这里就是北京金融街。

从建国门到复兴门：漫步长安街

对于积淀深厚的古城而言，不管为商还是施政，都会讲究地缘的沿革传承。金融街的历史，可以追溯至元大都时期的金城坊。当年这里遍布银号金坊，都城隍庙也为这里聚拢了更多的人气。从那时候起的几百年间，四个朝代的金融机构都聚集在这里，金城坊成为名副其实的国家金融中心。

如今在占地仅1.18平方公里的土地上，400万平方米的现代建筑群落拔地而起。仅在近五年间，就有500余家国内外金融及非金融机构落户于此，其中既有中国人民银行、中国银监会、中国证监会等国家最高金融决策和监管机构，又吸引着上百家国内外知名企业与机构在此设置总部，70多家世界顶尖级外资金融机构和国际组织也先后入驻金融街。目前金融街的金融机构资产规模已经突破了100万亿元。今天，这片财富的聚集之地，早已成为亚太金融的中心和世界金融的重要地标。

从建国门到复兴门：漫步长安街

　　西长安街上的金融街凝聚着创新活力与发展动能，这里吸引着国内外众多精英的加入。这里的清晨与夜晚同样忙碌，20多万的从业者在这里创造着财富，追逐与实现着金融梦想，他们将自己的人生与国家的发展交汇一处，这里就是他们的梦想与机遇之地，而关于"复兴"一词，金融街的解读是：在曾经辉煌的地方——再创辉煌！

　　如今，复兴门桥畔的金融街，已是这个国家、这个时代，也是这些从业者的机遇与梦想之地。

22 · 金融街

CHANGAN STREET

23　中国教育电视台

从金融街的路口抬眼西望，复兴门桥的彩虹门近在眼前，而桥畔的东南侧矗立着的是隶属于教育部的中国教育电视台，作为两大国家级电视台之一，它的名字说明着定位。电视台的周边，是国家开放大学与中央电教馆，它们构成了长安街上最独特，也是最具重要意义的中国"电教铁三角"。

从建国门到复兴门：漫步长安街

教育是国之大计，也是党之大计，它是民族振兴与社会进步的重要基石，关乎着国家的命运与民族复兴。从20世纪70年代末开始，国家对职业人才的需求日渐迫切，改革开放的总设计师邓小平曾说："国家要赶上世界先进水平，就要从科学和教育着手。"他大胆借鉴了英国电视大学的成功经验，伴随着改革开放诞生的中国电教事业，就此踏上了发展征程。在强调"科学技术是第一生产力"的时代背景下，上夜校与跟着广播电视学习成了风潮，那是一个活力绽放的难忘年代。四十年来，这所面向全民职业教育的"没有围墙的大学"，早已在中国落地生根，果实丰硕，并形成了今天教育电视台、开放大学与电教馆的体系化格局。如今通过现代信息传播技术进行电化教育，已经成为社会职业教育的主流。

　　作为国家新时期里以现代信息传播技术进行现代教育的铁三角，这三家机构分别肩负着国家公益宣传教育、远程开放教育、职业电化教育的职能与使命，是国家"科教兴国"战略的践行之地，同时也诠释着人才是民族复兴的重要力量与希望。

从建国门到复兴门：漫步长安街

　　作为国家推广全民教育的重要阵地与形象窗口，它们走在探索新式全民教育的前沿，解读着科教兴国战略的重要意义。低调务实的它们吸引着大批普通民众关注，从这里培养出的大批优秀职业人才，都已经成为创造社会动能的活跃细胞。这些人才用知识与技能改变着自我命运，更为国家的繁荣发展创造着源源不断的动力，"不拘一格降人才"这句话，在这里得到了最贴切的诠释。

23 · 中国教育电视台

CHANGAN STREET

24　复兴门

复兴门,同建国门一样,昔日的门洞早已消失,取而代之的,是一座四通八达的立交桥。

从建国门到复兴门：漫步长安街

当年，人民用满腔的期望呼唤出了"复兴"二字，而彼时的"复兴"，只是从门洞向外张望的模糊风景。如今的这里，已经被一座联通长安街与西二环路的立交桥所取代。复兴门桥是北京的第一座立交桥，遥想复兴门桥刚刚建成时的样子，当年的西二环还是空空荡荡，而到2019年年底，长安街西延长线工程将全面完工，历经数次修拓的长安街，已成为名副其实的百里长街。

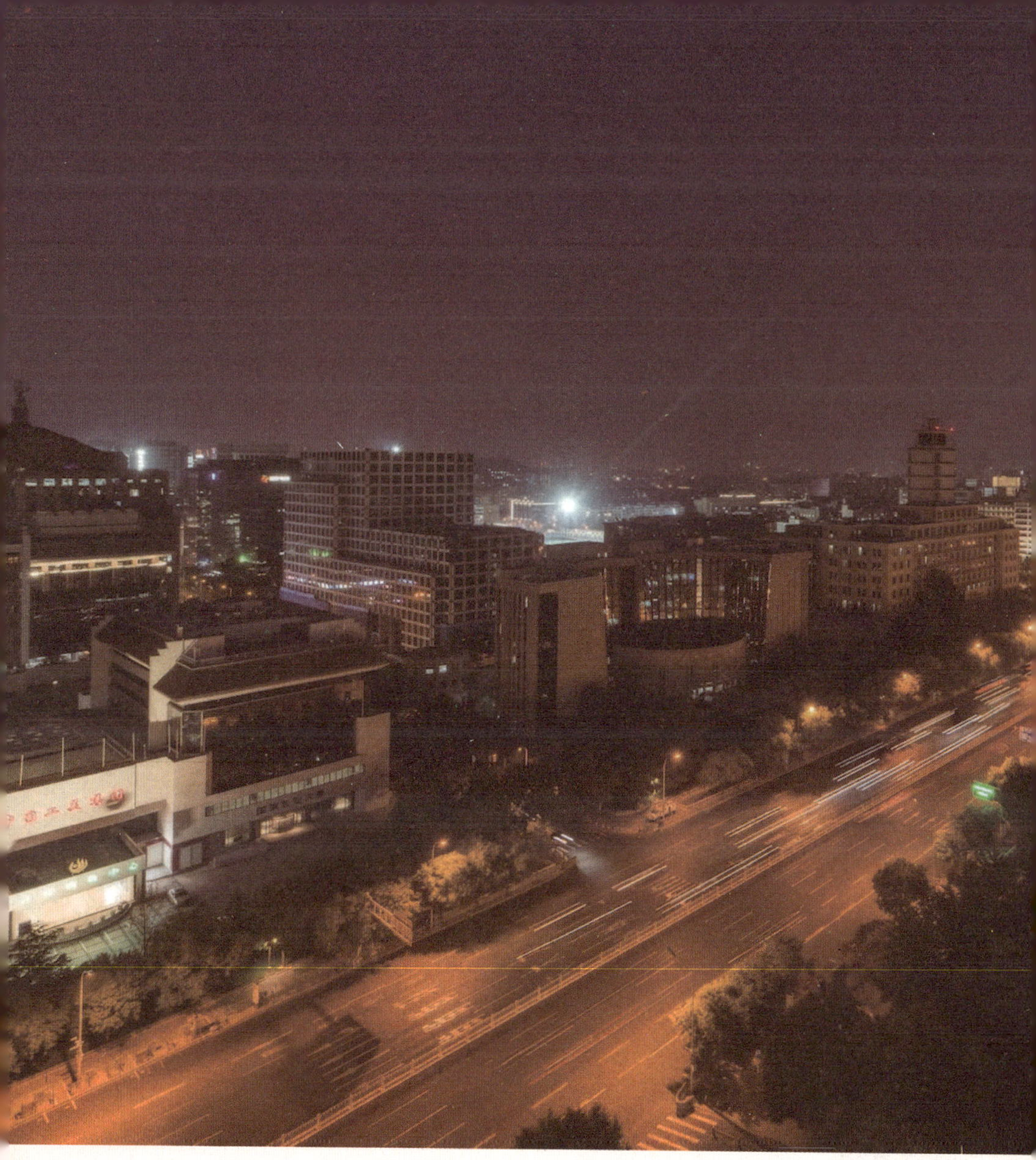

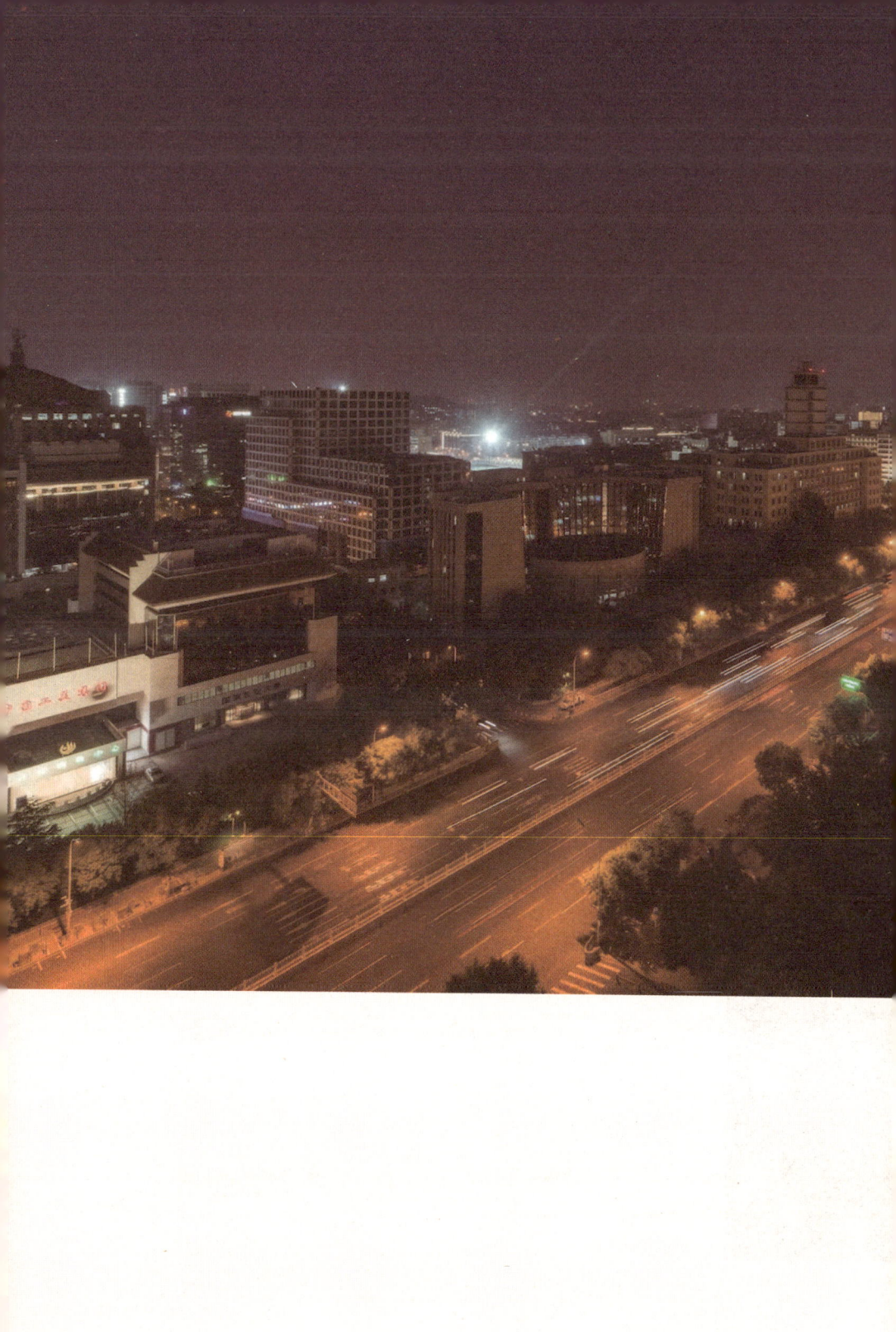

CHANGAN STREET

长安街的传奇

　　在长安街以西，门头沟的山麓之中，有一座始建于一千七百年前的潭柘寺。明成祖朱棣曾在潭柘寺的主峰上向东眺望，只见周围三山环立，旭日喷薄东升，气象万千，他不禁赞美此地为日上之所，又命令黑衣宰相姚广孝，以日出之地为皇城中心，兴建北京城，而这座主峰遂留名定都峰。此后的千百年来，"先有潭柘寺，后有北京城"这句话，在积淀深厚的幽燕大地上广为流传。当年的朱棣在这里以朝霞落日抒发着帝王感怀，他还远看不到今天视野之下这条长安巨龙的流光幻彩。

从 1912 年长安左右门被打开，到如今宽阔笔直的城市东西中轴线，百年的时光不短不长，但这一百年，却是中华民族变革、抗争、奋斗并走向复兴的重要时刻。世界上还没有哪一条大街能像长安街这样，将历史、政治、艺术、生活、金融、商业，以及国家形象全部融汇于此，并在民族传统、地方特色与时代精神三个维度上实现完美的统一。

在长安街延长线的两端，东边是北京市政府统领京津冀发展的大幕揭开，城市的副中心正在全面崛起；西边是北京冬奥会各项筹备工作的火热推进，届时，北京将成为世界上唯一同时举办过冬夏两季奥运会的"双奥之城"。

长安街是一条交通与建筑领域的奇迹之路，更是一座珍藏国家与民族记忆、记录发展足迹的大博物馆。从建国门到复兴门，全长 6.7 公里，也是整条长安街最精华的部分。在六百年的时空回响中，我们丈量与寻找着共和国七十年的发展印记：在东长安街，我们探寻着新中国以新政治国的设计与成绩；在天安门，我们重温着一个伟大国家的诞生历程；在西长安街，我们感受着关于国家与民族复兴的多重表达……这是一次回顾之旅，更是一次发现之旅，七十年是一个节点，更会是一段新历程的开始。一路走来，七十岁的共和国，依然年轻，充满活力。

我——深爱着这个国家。

百里长街，就像是一对共和国的复兴翅膀，七十岁的年轮丰满着它的羽翼，而它必将在不远的将来，载着一个伟大民族腾飞天际。

图书在版编目（CIP）数据

从建国门到复兴门：漫步长安街 / 陈宏，桂岩主编
. — 北京：中国广播影视出版社，2021.6（2024.4重印）
ISBN 978-7-5043-8359-4

Ⅰ．①从… Ⅱ．①陈… ②桂… Ⅲ．①北京—地方史
Ⅳ．①K291

中国版本图书馆CIP数据核字（2019）第251296号

从建国门到复兴门：漫步长安街

陈宏 桂岩 主编

出 版 人	任道远 袁小平	总 策 划	李亚明
总 监 制	李红根	项目统筹	白 璐
责任编辑	宋蕾佳	市场营销	赵 宁
责任校对	龚 晨	内文设计	介 桑

出版发行	中国广播影视出版社
电 话	010-86093580 010-86093583
社 址	北京市西城区真武庙二条9号
邮 编	100045
网 址	www.crtp.com.cn
电子信箱	crtp8@sina.com

经 销	全国各地新华书店
印 刷	永清县晔盛亚胶印有限公司

开 本	787毫米×1092毫米 1/16
字 数	53（千）字
印 张	13.25
版 次	2021年6月第1版 2024年4月第2次印刷

书 号	ISBN 978-7-5043-8359-4
定 价	79.00元

（版权所有 翻印必究·印装有误 负责调换）

CHANGAN STREET